学生国学丛书新编

主编 王 宁
顾问 顾德希

# 新序说苑

庄 适 选注
高红娜 校订

商务印书馆
The Commercial Press

# 学生国学丛书新编

主　　编：王　宁
顾　　问：顾德希
**特约编辑**：赵芳媛
审 稿 组：党怀兴　董婧宸　凌丽君
　　　　　赵学清　周淑萍　周玉秀

# 总序之一
## ——在阅读中走近中华优秀传统文化

王 宁

王云五、朱经农主编的《学生国学丛书》,是一套为中学生和社会普及层面阅读古代典籍所做的文言文选本。它隶属在王云五做总主编的《万有文库》之下,1926年开始陆续由商务印书馆出版。20世纪20年代开始策划时,计划出60种,后来逐渐增补,到1948年据说已经出版了90种;因为没有总目,我们现在搜集到的仅有71种。由于今天弘扬中华优秀传统文化和提高文言文阅读能力的社会需要,我们决定对这套丛书进行适应于现代的加工编辑,将它介绍给今天的读者。

在推介这套丛书的时候,我们保存了原编的主要面貌:选书与选篇基本不变,将原书绪言保留下来,每篇选文原注所选的注点,也作为这次新编的重要参考。这样

## 总序之一

做是为了尽量借鉴前贤的一些构思和做法，并保留当时文言文阅读水平的基本面貌，作为今天的参考。

《学生国学丛书》是本着商务印书馆"昌明教育，开启民智"的一贯宗旨编选的，阅读群体应当主要是当时的中学生。20年代的中学生阅读文言文的水平显然比今天高一些，因为那时阅读文言文的社会环境与现在不同，虽然白话文已经通行，但书信、公文、教科书和报刊中，都还保留了不少文言文。国文课的师资，很多也是在国学上有一些根柢的文士。在知识界和语文教育界，文言文阅读还不是什么难事。今天，文言文阅读水平既关系到继承和弘扬中华优秀传统文化的效能，又关系到现代社会总体人文素质的提高，应当达到什么程度最为合适？民国时期是可以作为一个基准线的。

《学生国学丛书》体现了20世纪之初一些爱国的出版家和教育家把中华优秀传统文化传承给下一代的情怀、理想和实干精神。他们策划这套丛书的宗旨和编则，可资借鉴的地方很多，他们的实践经验、教育精神和国学学养值得我们学习的地方也很多。这一点，是我们了解了丛书的主编和40多位编选者的情况后感受到的。

丛书的主编王云五、朱经农，都是我国20世纪初爱国、革新的出版家。王云五主编《万有文库》，开创了我国图书出版平民化的新纪元，体现了新文化运动中普及

## 总序之一

文化教育的先进思想。《学生国学丛书》是《万有文库》里专门为中学生编选的，目的是将弘扬民族文化精华的理念带入初等教育，这在当时不能不说是有远见的。两位主编不论在反对封建帝制的革命中，还是在民族危难的救国图强斗争中，都有可圈可点的事迹，值得钦佩。与两位主编合作的40多位编写者，多是辛亥革命的参与者和新文化运动的前沿人物。他们熟悉古代文典，对中国文化理解通透，领悟深刻，又有强烈的反封建意识；其中很多都在中小学教育领域里有过丰富的实践经验，教过国文，编过教材，研究过教法。这里有我们十分熟悉的教育家和文学家，如我国现代教育特别是语文教育的领军人物叶绍钧（他后来的名字是叶圣陶），新文化运动的先驱者、中国革命文艺的奠基人之一、著名作家茅盾（他当时的名字是沈德鸿，后来为大家熟悉的姓名是沈雁冰）。这两位，多篇作品都被收入中学语文课本，20世纪50年代以后的老师、同学是无人不知的。其他如著作丰厚、名震一时的藏书家胡怀琛，国学根柢深厚、考据功底极深、《中国人名大辞典》《中国古今地名大辞典》的主要编写人臧励龢，我国语文教育的改革家庄适等。

20世纪初的中国社会，多种文化思潮纷纭杂沓：改良主义者提出"师夷制夷""严袪新旧之名，浑融中外之迹"的折中主张；历史虚无主义者在"全盘西化"的徽帜下将西方的一切甚至文化垃圾照单全收；殖民主义文化论者叫嚣中国道德一律低级粗浅，鼓吹欧洲人生活方式总体文明高超；另一方面，封建复辟野心家的代言人则一味复古，用古代的文化糟粕来抵抗新文化的建构。这些，都对比出爱国的出版家、学问家、教育家既要固本又要创新的理想和实践精神的可贵；也让我们认识了新文化运动及革命文学的前沿人物坚守教育阵地的不懈努力，懂得了他们的编纂意图和深厚学养。保留丛书主要面貌，就是对他们成果的尊重和信任。

随着中华优秀传统文化的广泛传播，随着中小学语文教学改革的深入发展，在读书成为教师、家长和渴求文化的大众普遍要求之时，文言文阅读将会是其中一个重要的内容。有人说，文言只是一种古代的书面语，口语交际和现代文本已经不再使用，我们为什么还要学习文言文呢？在推介这套丛书的时候，我们有必要来回答这个问题。

文言是古代知识分子和正统教育使用的书面语言，具有超越时代、超越方言的特性，因而也同时具有了记载数千年中华民族灿烂文化的主要功能，它是与中华民族文明史共存的。许慎《说文解字叙》说汉字的作用是"前人所以垂后，后人所以识古"，这两句话即是对汉字记录的文言说的。我国历史悠久，文化遗产丰富，用文言记录的历史文献，用文言撰写的文学作品，多到不可计数,只有学习它,才能从古知今,以史为鉴。文言所记录的,不仅是古代社会的典章制度和政治经济,还有先贤哲人的人生经验和思想哲理,让我们看到中华民族一代又一代人的智慧。想想看,如果我们及早领会了古人"斧斤以时入山林"的采伐规则,便不会过度开发建材,造成那么多秃山荒岭,把气候搞得这样糟糕。我们读过也理解了"今之孝者是谓能养。至于犬马,皆能有养。不敬,何以别乎"这段话,就会在对待长者时,把他们的尊严看得和他们的生计同等甚至更加重要!"防民之口甚于防川""水能载舟亦能覆舟",这是对阻塞言路者多么深刻的警醒。在道德重建的今天,中国传统道德中"己所不欲勿施于人"的利他主义,"爱民""富民""民为重"的民本思想,"以不贪为宝"的清廉品德,"志士不忘在沟壑,勇士不忘丧其元"的大义凛然态度,"吾日三省吾身"的自律精神,"君子怀刑"的守法意识,……这些,即使在今天的一般阅读中,也已经深入人心。可以想见,进入深度阅读后,我们一定会受到更多的启迪,在阅读中产生更多的惊喜。著名的国学大师、革命家和思想家章太炎,1905年7月15日在东京留学生欢迎会上演讲时说:"近来有一种欧化主义的人,总说中国人比西洋人所差甚远,所以自甘暴弃,说中国必定灭亡,黄种必定剿灭。因为他不晓得中国的长处,见得别无可爱,就把爱国爱种的心日衰薄一日。若他晓得,我想就是全无心肝的人,那爱国爱种的心,必定风发泉涌,不可遏抑的。"阅读文言文,就是要使我们具有这种文化自信。是的,遗产是有精华也有糟粕的,古代的未必都适合今天;我们只有真正读懂文典,将历史面貌还原,再有了正确的价值观,才能辨析断识,而不是道听途说,更不会受人蛊惑。在这个意义上,文言文阅读作为吸收中华优秀传统文化的必要途径,绝不是可有可无的。

文言文阅读是产生汉语正确语感的一个重要源泉。汉语不是一潭死水,从古到今,不知吸收了多少其他民族的词汇和句法,也曾经夹杂着很多不雅甚至不洁的成分;但是,文言经过数千年的洗涤、锤炼,已经渐渐将切合者融入,不切合者抛弃。经过大浪淘沙、优胜劣汰而能流传至今的美文巨制,会更加显现汉语的特点。而现代汉语刚刚一个世纪,在根柢不深、修养不佳的人们的口语里、文辞中,常常会受外语特别是英语的影响,受不健康的市井俚语的侵染,产出一种杂糅的语言。我们想在运用现代汉语时真正体现出汉语的特点,比如词汇丰富、句短意深、注重韵律、构造灵活等,提高用健康、优美的汉语表达正确、深刻的思想的能力,文言会带给我们一些天然的汉语语感。热爱自己的本国语言,不断提高运用汉字汉语的能力,这是每一个人文化素养

## 总序之一

中最重要的表现;克服语言西化、杂糅的最好办法,是在学习规范、优美的现代汉语的同时,对文言也有深入的感受和体验。

文言文阅读还是从根本上理解现代汉语的重要条件。人们都认为现代汉语与文言差别很大,初读时甚至感到疏离隔膜、难以逾越。其实,汉语是一种词根语,词汇和语义的传衍非常直接,文言中百分之七十的词汇、词义,在现代汉语的构词法里都能找到。在书面语里,文言单音词的构词能量有时会比口语词更强。经过辗转引用积淀了深厚文化底蕴的典故、成语,成为使用汉语可以撷取的丰富宝库。如果我们对文言一无所知,是很难深入理解现代汉语的。有些人认为,在语文教学中现代文阅读和文言文阅读是两条线,其实,在词汇积累层面上,应该把它们并成一条线。学习文言与学习现代汉语,在积累词汇、理解意义、体验文化、形成语感方面是相辅相成的。

在推介《学生国学丛书》的时候,我们也有另外一重考虑。这套丛书毕竟经过了将近一个世纪,时代和社会都发生了根本的变化,我们有了更加明确的核心价值观和适应于现代的审美意识,语言、文字、文学、文献、教育都有了更新的研究成果,对丛书进行适度的改编,也是绝对必要的。所以,这次新编,我们主要做了五项

## 总序之一

工作:第一,为了今天在校学生和普通读者阅读的方便,改竖排为横排,标点符号也随之改为现代横排的规范样式。第二,变繁体字为简化字,在繁简转换的过程中,对在文言文语境中有可能产生意义混淆的用字,做了合理的处理。第三,采用今天所见较好的古籍版本对原书的选文进行了审校,订正了文句的错、讹、脱、衍。第四,对原书的注释进行了修改、加工、调整,使注释更加准确、易懂,对地名和名物词的解释,也补充了最新的资料。第五,撰写了新编导言,放在原书绪言的前面。原编者和新编者对同一部书和同一篇文的看法,或所见略同,或相辅相成,或角度各异,或存在分歧,都能促进阅读者的思考和讨论,引发延展性学习,带动更多篇目和整本书的阅读。

《学生国学丛书》本来是一套开放的丛书,我们还会根据教学和读者的需要,补充一些当时没有被选入的优秀古代典籍的选本,使新编的丛书不断丰富。

我国每年有将近两亿的青少年步入基础教育,一个孩子有不止一位家长,这是一个多么庞大的读书群体。将一个世纪以前的《学生国学丛书》通过新编激活,让它走进一个新的时代,更好地发挥它在语文教育和弘扬我国优秀传统文化中的作用,这是我们之所愿,也希望能使编写这套书的前辈们夙愿得偿。

# 总序之二
## ——植入健康的文化基因

顾德希

优秀的传统文化是中国人的精神家园。学生多读些国学典籍,将有助于把优秀传统文化的基因植入肌体。王宁老师的"总序",对本丛书的这一编辑意图已有深入全面的阐释,我打算就如何阅读这套丛书,或者说如何阅读文言文,做些补充性说明。

这套丛书的每一本,都专门写了新编导言。这是今日读者和原书连接的桥梁。人们常把桥梁喻为过河的"方法",所以也可以说,新编导言之所谓"导",就是力图为各类学生和更多读者提供一些阅读的方法。

这套丛书有好几十本,都是极有价值又有相当难度的国学经典,如不讲究阅读方法,编辑意图的实现会大打折扣。但这些经典差异性很大,《楚辞》和《庄子》的

## 总序之二

阅读肯定很不同,《国语》和《周姜词》的阅读方法差别就更大,即使同是词,读《苏辛词》与《周姜词》也不宜用完全相同的方法。因此本丛书新编导言所提供的阅读方法,针对性很强,因书而异。但异中有同,某些共性的方法甚至更为重要。不过,这些共性的方法渗透在每一篇导言中,未必能引起足够重视。下面,我想谈谈文言文阅读的四个具有共性的方法。

一、了解作者和相关背景,了解每本书的概貌,对每本书的阅读都很重要,这毋庸置疑。但一般读者了解这类相关知识,目的仅在于走近这本书。因而涉及作者、背景、概貌等,导言中一般不罗列专业性强的知识,而诉诸比较精要的常识性叙述。比如对《吕氏春秋》作者吕不韦,并没有全面介绍,也没有像过去那样从伦理道德上对这个历史人物加以贬抑,而只侧重叙述了他作为政治家的特点,因为明乎此便很有助于了解《吕氏春秋》。又如《世说新语》的成书背景有其特殊性,也需要了解,但限于篇幅,叙述的浓缩度很大。凡此种种必要的常识,新编导言里一般是点到为止,只要细心些,便不难从中获得多少不等的启发。兴趣浓厚者,查找相关知识也很容易。

二、借助注解疏通文本大意之后,就要反复诵读。某些陌生的词句,更要反复诵读。一句话即使反复诵读

## 总序之二

二十遍也用不了两三分钟,但这两三分钟却非常重要。

"诵读"是出声音的读,但并不是朗诵。大家所熟悉的现代文朗诵,不完全适用于文言诗文。朗诵往往是读给别人听,诵读却是读给自己听。古人所谓"吟咏",是适合于当时人自己感悟的一种诵读。今天的诵读,用普通话即可,节奏、抑扬、强弱、缓急,都无客观规定性,可随自己的感受适当处理。如果阅读文言文而忽略了诵读,效果至少打一个对折。不念出声音的默读,是只借助视觉器官去感知;出声音的诵读,是把视觉、听觉都动员起来的感知,其所"感"之强弱不言而喻。而且一旦读出声音,就让声带、口腔等诸多器官的运动参与进来了,凡诉诸运动器官的记忆,最容易长久。会骑车的人,多年不骑,一登上车还是会骑。因为骑车的感觉是一种运动记忆。文言语感的牢固形成与此类似。古人所谓"心到、眼到、口到"之说,实在是高效形成文言语感的极好方法。不管是成篇诵读,片段诵读,还是陌生词句的反复诵读,都是提升文言文阅读能力的好办法。本丛书的每一篇新编导言并未反复强调"诵读",但各种阅读建议无不与某些片段的反复读相关。既读,就要"诵",这是文言文阅读的根本方法。

三、应用。这是与文言翻译相对而言的。把文言文阅读的重点放在"翻译"上,副作用很多。一是不可避免信息的丢失。概念意义、情味意蕴，都会丢失。课堂教学中让学生把一篇文言文从头到尾"对号入座"地搞翻译，是文言教学中的无奈之举。一句一句，斤斤计较于文言句法词法和现代汉语的异同，结果学生的诵读时间没有了，刻意去记的往往是别别扭扭的"译文"，而精彩的原文反倒印象模糊，这不是买椟还珠吗！所以，在疏通大意、反复诵读的同时，一定要重视"应用"。应用，就是把某些文言词句直接"拿来"，用在自己的话语当中。比如，在复述大意时，在谈阅读感受理解时，不妨直接援引几句原话。如果能把原文中的某些语句就像说自己的话一样，自然而然地穿插到自己的述说中，那就是极好的应用。本丛书新编导言中援引原作并有所点评、有所串释、有所生发之处很多，但绝不搞对号入座的翻译，这不妨看作文言文阅读方法的一种示范。新编导言中有很多建议，要求结合作品谈个什么问题，探究个什么问题，都不同程度地含有这种"应用"的要求。

四、坚持自学。这套丛书，为学生自学文言文敞开了大门。学生文言文阅读的状况永远会参差不齐。同一个班的高中生，有的已把《资治通鉴》读过一遍，有的能写出相当顺畅的文言文，但也有的却把"过秦论"读成"过奏论"，这是常态。只靠面对几十个人的文言课堂讲授，几乎不可能使之迅速均衡起来。只有积极倡导自主性学习，才可能有效提高教学质量。本丛书的新编导言，高度重视对文言自学的引导。每篇新编导言都就怎样去读提出许多建议。这些建议有难有易，不是要求每一个人全都照着去做。能飞的飞，能跑的跑，快走不了的慢走也很好。新编导言在"导"的问题上，从不同层次上提出不同建议，相信各类学生都能找到适合自己的要求。只要选择适合自己或者自己感兴趣的要求，坚持不懈去"读"，去"用"，文言文的自学一定会出现令人惊喜的成果。从这个意义上说，本丛书的每一本，都是适合于各类读者自学国学经典的好读本。每一本中经过精心处理的注解，是自学的好帮手；而每一篇新编导言，又都可对自学起到切实的引导作用。只要方法对，策略恰当，那么这套丛书肯定能帮助我们有效提高文言文阅读水平。

目前，在深化高中语文课改的大背景下，很多学校高度重视突破过去那种一篇篇细讲课文的单一教学模式，开始重视"任务群"的学习，重视整本书的阅读，重视选修课的开设，重视校本课程的建设。在这样的大背景下，如果学校打算从本丛书中选用几本当作加强国学教育的校本教材，那么"新编导言"对使用这本书的教师来说，也可起到某种"桥梁"作用。

不管用一本什么书来组织学生学习，都必须对学生

## 总序之二

怎样读这本书有恰当引导。这是提高教学质量的一定不移之理。恰当的引导,要有助于各类学生更好地进入这本书的阅读,要有助于各类学生更好地开展自主性学习,要使之在文本阅读中进行有益的探究,并获得成功的喜悦。为了使新编导言的"导"能起到这样的作用,本丛书专门组织了多位一线优秀教师先期进入阅读,并把成功教学经验融入新编导言。因此,我们有理由相信,新编导言可以成为组织学生学习活动的有益借鉴。导言中结合具体作品对阅读所做的那些启发、引导,针对不同水平读者分层提出的那些建议,都将有助于教师结合自己学生的实际情况进一步拟出付诸实施的具体导学方案。

我相信,只要阅读文言文的方法恰当,只要各类读者从实际情况出发,循序渐进地学,优秀传统文化的基因就一定能更好地植入肌体。

# 目　录

新编导言 ··················································· *1*

原书绪言 ··················································· *11*

## 新序

杂事 ······················································· *15*

刺奢 ······················································· *37*

节士 ······················································· *40*

义勇 ······················································· *52*

善谋 ······················································· *55*

## 说苑

君道 ······················································· *59*

臣术 ······················································· *63*

建本 ······················································· *66*

立节 ······················································· *71*

贵德···································75

复恩···································77

政理···································81

尊贤···································91

正谏···································96

敬慎···································98

善说···································106

奉使···································110

权谋···································116

至公···································120

指武···································125

谈丛···································129

杂言···································129

辨物···································135

修文···································139

反质···································141

# 新编导言

刘向（公元前77年—前6年），原名更生，字子政，汉高祖刘邦少弟楚元王刘交四世孙，是西汉著名的经学家、校雠目录学家和文学家。身为皇室宗亲，刘向深切关心汉王朝的命运，他一生历仕宣帝、元帝、成帝三朝，政治生涯几经沉浮。刘向受到深厚的家学传统熏陶，20岁时，便因"通达能属文辞"，被宣帝选为"俊材"而得仕左右；年仅29岁，便与诸儒在当时的皇家图书馆石渠阁讲论"五经"，累官至散骑、谏大夫、给事中。元帝时，刘氏皇权逐渐衰落，外戚、宦官弄权干政。刘向屡次上书直谏，利用当时盛行的阴阳灾异之说为武器，推论朝政得失，反对宦官专权，抨击外戚乱政，期望皇帝能亲贤远佞、以民为本，但不仅完全无效，反而遭到排挤、迫害，两次入狱，被贬为庶民15年，直至成帝即位，才重新被起用。然而，汉成帝昏庸荒淫、软弱无

# 新序说苑

能,外戚王氏专权擅朝。面对如此严峻的政治形势,三朝老臣刘向依然不改敢于直谏的秉性,数次上"封事"书弹劾王氏专权误国,然而却收效甚微。政治上的打击与沉沦,对刘向的思想和创作产生了极大的影响,也成就了他在学术史上的不朽地位。汉成帝河平三年(公元前26年),刘向受诏领校"中秘书",主持校理皇家藏书,接触到了大量先秦诸子和史籍材料。他从中选出可供借鉴的古人言行事迹,以类相从,编成《新序》《说苑》二书上奏成帝,试图以一个个语言通俗简洁、富有趣味和哲理性的小故事,"言得失,陈法戒","助观览,补遗阙",劝谏成帝效法先王圣贤,亲贤远佞,除弊救世。

《新序》《说苑》原是专供皇帝观览的历史故事集,因此得到了历代帝王的高度重视,成为治国理政的重要参考文献,其内容、思想具有一定的时代性。那么现代读者应该怎样读《新序》《说苑》?这是初学者很关心的问题,庄适先生这个选注本对此已有所考虑。今本《新序》10卷、183则,《说苑》20卷、678则。本书精选了其中的167则,摒弃了涉及汉代阴阳五行、天人感应、富贵有命等体现封建迷信观念、不符合现代思想价值的篇目,所选皆是故事性、文学性较强,又适应现代社会发展的正能量作品,既有文学价值,又有思想价值,适合我们去慢慢细读,在了解故事情节之后去领会、体悟其背后所包含的深意。

新编导言

阅读本书时，我们可以重点关注以下几个问题。

## 一　补充古籍文献遗缺的珍贵材料

南宋高似孙在《子略》中评价《新序》时说："先秦古书，甫脱烬劫，一入向笔，采撷不遗。"《四库全书总目提要》评价《说苑》时也提出"古籍散佚，多赖此以存"。刘向本就是"博物洽闻、通达古今"的大儒，而奉诏校理"中秘书"，使他有机会接触到很多珍贵的古籍文献，《新序》《说苑》不仅采录"五经"及《论语》《孟子》《荀子》《韩诗外传》《吕氏春秋》《史记》等传世文献中的史事，更为珍贵的是其中还保存了许多后世已经散佚的古籍中的吉光片羽。庄适先生在"原书绪言"中也说到："先秦书籍，自经火劫，古人之嘉言懿行得稍明于后世者，惟二书是赖，二书之可贵也在此。"因此，他在选文时也不录"他书已采取者"，如《新序》中已见于《孟子·梁惠王下》的"梁惠王谓孟子"章、已见于《荀子·哀公》的"哀公问孔子"章，而是重点采录未见于其他传世文献，或与其他传世文献记载有异的篇章。如《新序·杂事》"楚威王问宋玉其有遗行宋玉对"章：

> 楚威王问于宋玉曰："先生其有遗行邪？何士民众庶不誉之甚也？"宋玉对曰："唯！然！有之。愿大王宽其罪，使得毕其辞！客有歌于郢中者，其始曰《下里》《巴人》，

国中属而和者数千人；其为《阳陵》《采薇》，国中属而和者数百人；其为《阳春》《白雪》，国中属而和者数十人而已也；引商刻角，杂以流徵，国中属而和者不过数人。是其曲弥高者，其和弥寡。……夫圣人之瑰意奇行，超然独处，世俗之民，又安知臣之所为哉？

宋玉是继屈原之后我国古代著名的辞赋家，创作了许多辞赋作品，然而大多已亡佚，流传到今天的有《九辩》《高唐赋》《神女赋》等六篇。史书中关于宋玉生平的记载非常少。刘向《新序》中采录的这一篇"楚威王问宋玉其有遗行宋玉对"，记载了楚威王与宋玉之间的一场对话。宋玉巧妙地以歌者演唱《下里》《巴人》与《阳春》《白雪》在听众中引起的不同反应，阐说自己因超凡脱俗、卓尔不群而不为世人理解，来回击"士民众庶"之"不誉"，展现了其清高孤傲的性格特点。这一篇后来被萧统选入《文选》，改名为"对楚王问"，在后世广为流传，我们今天耳熟能详的"下里巴人""阳春白雪""曲高和寡"等成语也出自此篇。

又如《说苑·建本》"晋平公欲学恐暮师旷对"章：

晋平公问于师旷曰："吾年七十，欲学，恐已暮矣。"师旷曰："暮何不炳烛乎？"平公曰："安有为人臣而戏其君乎？"师旷曰："盲臣安敢戏君？臣闻之：少而好学，如日出之阳；壮而好学，如日中之光；老而好学，如炳烛之明。炳烛之明，孰与昧行乎？'"平公曰："善哉！"

这一篇就是我们熟知的"师旷论学"。师旷是春秋时期晋国著名的乐师，以聪颖博学闻名于后世，其事迹散见于《左传》《国语》等史书，据《汉书·艺文志》"诸子略"记载，当时还有《师旷》一书专门记载师旷的言行。然而这本书早已散佚，而这一篇"师旷论学"因为阐述人生学无止境，要活到老，学到老的道理而被刘向摘录下来，成为珍贵的《师旷》遗文。

因此，我们在阅读时关注这些堪补古籍文献遗缺的珍贵材料，可以为了解历史事件、描绘人物形象提供一些新的视角和思考。

## 二 体会其中优秀篇章的文学价值

为了"助观览"，从而达到劝诫帝王的目的，刘向多采录含有"正辞善义"的寓言和历史故事，以有趣的情节、简洁的语言、生动的比喻来增强故事的感染力和说服力。庄适先生在选文时也有所倾斜，不录"偏于理论者"，从而在一定程度上凸显了《新序》《说苑》的文学价值。如《说苑·谈丛》"枭将东徙"章：

## 新序说苑

> 枭逢鸠,鸠曰:"子将安之?"枭曰:"我将东徙。"鸠曰:"何故?"枭曰:"乡人皆恶我鸣,以故东徙。"鸠曰:"子能更鸣,可矣;不能更鸣,东徙,犹恶子之声。"

这是一篇短小精悍的动物寓言,运用拟人的手法,记叙了斑鸠和猫头鹰之间的对话,阐述若在某一环境中得不到认可,应该首先去反省自身是否存在问题,尝试去克服缺点,而不是一味逃避的道理。

对于从《吕氏春秋》《韩诗外传》《史记》《战国策》《荀子》《春秋》《晏子春秋》《韩非子》等"传记百家"典籍中采录的材料,刘向并不是进行简单的"复制粘贴"或"排列组合",而是把这些故事纳入自己的思想体系之中加以创造性的改写,会根据主题内容增加、删减情节,并用更合乎人物形象的语言表述出来。如《新序·节士》"延陵季子以宝剑赠徐君"章:

> 延陵季子将西聘晋,带宝剑以过徐君。徐君观剑,不言而色欲之。延陵季子为有上国之使,未献也,然其心许之矣。致使于晋,顾反,则徐君死于楚,于是脱剑致之嗣君。从者止之曰:"此吴国之宝,非所以赠也。"延陵季子曰:"吾非赠之也。先日吾来,徐君观吾剑,不言而其色欲之。吾为有上国之使,未献也。虽然,吾心许之矣。今死而不进,是欺心也。爱剑伪心,廉者不为也。"遂脱剑致之嗣君。

嗣君曰："先君无命，孤不敢受剑。"于是季子以剑带徐君墓树而去。徐人嘉而歌之曰："延陵季子兮不忘故，脱千金之剑兮带丘墓！"

关于"季子挂剑"的记载，最早可追溯到《史记·吴太伯世家》。司马迁以寥寥数句简略记述故事的经过，只是客观记录史实；然而到了刘向的笔下，整个故事却生动丰满了起来。一方面，增加了徐君观剑后默默不语却"色欲之"、季子未献却"心许之"的神态和心理活动描写，十分生动传神，使两个人物立刻鲜活了起来。一方面，在故事中间增加了季子脱剑赠与徐君之子、"从者"阻止季子赠剑的一场对话，以及徐君之子因"无命"而拒绝受赠等情节，使故事从许剑、赠剑到挂剑的发展，一波三折、跌宕起伏，十分富有戏剧性，但读起来却自然流畅，完整地呈现出季札诚实守信、不欺人也不欺己的高大形象。而最后的"徐人歌"可谓点睛之笔，突出了故事所要表达的思想主题。

在文学创作方面，书中还有许多值得我们借鉴和学习的地方，限于篇幅，在此不再赘述，大家可以在阅读时慢慢地体会、学习。

## 三　学习其中符合现代价值观的思想与美德

"惟大人为能格君心之非"，《新序》《说苑》虽为专供帝

## 新序说苑

王阅览之作,是时代的产物,但刘向通过其中的许多篇目所揭示的一些道理、传达的思想、颂扬的美德,却历经千年仍灼灼生辉。如《新序·杂事》"宋就使梁楚交欢"章:

> 梁大夫有宋就者,尝为边县令,与楚邻界。梁之边亭与楚之边亭皆种瓜,各有数。梁之边亭人劬力,数灌其瓜,瓜美;楚人窳而稀灌其瓜,瓜恶。楚令因以梁瓜之美,怒其亭瓜之恶也。楚亭人心恶梁亭之贤己,因夜往窃搔梁亭之瓜,皆有死焦者矣。梁亭觉之,因请其尉,亦欲窃往报搔楚亭之瓜。尉以请宋就,就曰:"恶!是何可?构怨祸之道也。人恶亦恶,何褊之甚也!若我教子,必每暮令人往,窃为楚亭夜善灌其瓜,勿令知也。"于是梁亭乃每暮夜窃灌楚亭之瓜。楚亭旦而行瓜,则又皆以灌矣。瓜日以美。楚亭怪而察之,则乃梁亭也。楚令闻之,大悦,因具以闻楚王。楚王闻之,恕然愧,以意自闵也,……乃谢以重币而请交于梁王。楚王时则称说梁王,以为信。故梁楚之欢,由宋就始。

宋就及梁国士兵以德报怨的行为,不仅顺利解决了两军因种瓜引起的小纷争,也促使梁楚之间边境纠纷这个大问题平息,巩固了两国之间的友好关系。这个故事启示我们:以恶制恶,只能恶化彼此之间的关系,不能从根本上解决问题,唯有彼此克制、包容、体谅，才能增进人与人之间的友善，促进国家、社会的和谐发展。

除此之外，书中所选诸篇所揭示的诚实守信、严己宽人、知恩图报、勤俭节约、仁爱友善等优秀思想与品德，正可帮助我们提高个人道德修养，树立正确的人生观、道德观，具有重要的思想价值和现实意义，需要我们通过文本的阅读去深入地思考与品味。

# 原书绪言

《新序》《说苑》二书,汉刘向所作。向,初名更生,字子政,为汉宗室。汉成帝时,典校秘书,采传记百家之言,取其正辞善义可为劝戒者,著此二书奏之;成帝善其意,然不能用。帝欲以为九卿,为外戚王氏所制而未成,终于中垒校尉,年七十二。向殁十三年,王氏遂代汉。

《新序》《说苑》二书,本用作法戒之资,然先秦书籍,自经火劫,古人之嘉言懿行得稍明于后世者,惟二书是赖,二书之可贵也在此。

《新序》《说苑》二书,体例相同,当时分为两种,莫详其由。本丛书并成一册,重复者录一不录二;他书已采取者不录;偏于理论者不录;不合现代情形者不录。

据《前汉书》,刘向"著《新序》《说苑》凡五十篇",其分析法，盖即《隋书·经籍志》所载之《新序》三十卷、《说苑》二十卷。宋代初年，二书残缺，《新序》仅存十篇，《说苑》仅存五篇；曾巩搜集而校定之，《新序》仍为十篇，《说苑》仍得二十篇，流传至今，无大出入。今《新序》十篇，分《杂事》《刺奢》《节士》《善谋》四目①；《说苑》二十篇，分《君道》《臣术》《建本》《立节》《贵德》《复恩》《政理》《尊贤》《正谏》《敬慎》《善说》《奉使》《权谋》《至公》《指武》《谈丛》《杂言》《辨物》《修文》《反质》二十目。本丛书所辑，只举目名，不标卷数。

《新序》《说苑》二书，文字多讹误脱落；所载事实，或一人而两书之人名不同，或一事而人物之时代不同。此由向博采众说，仍其本文，未加参校，而后之印板又有错误之故。本丛书依据各书，悉心校核。可以订定者，径在书中改正之；犹滋疑议者，则在注中说明之；其无从稽考者，阙而不详。

庄　适<br>一九二六年三月

---

① 当为《杂事》《刺奢》《节士》《义勇》《善谋》五目。——校订者注

# 新序

新序

# 杂事

孙叔敖①为婴儿之时，出游，见两头蛇，杀而埋之，归而泣。其母问其故，叔敖对曰："闻见两头之蛇者死，向者吾见之，恐去母而死也。"其母曰："蛇今安在？"曰："恐他人又见，杀而埋之矣。"其母曰："吾闻有阴德者，天报以福，汝不死也。"及长，为楚令尹②，未治而国人信其仁也。

禹之兴也以涂山③，桀之亡也以末喜④；汤之兴也以有莘⑤，纣之亡也以妲己⑥；文、武之兴也以任、姒⑦，

---

① 孙叔敖，春秋时楚人，相楚庄王。
② 令尹，官名，春秋时楚执政者之称。
③ 禹，夏代之始王，娶涂山氏之女而生启。禹崩，启立，而定君位世袭之制。
④ 桀，夏代之末王，伐有施氏，得女末喜，嬖之，唯其言是听，昏乱失德，汤因伐夏而亡之。
⑤ 汤，商代之始王，以有莘氏女为妃。有伊尹者，欲干汤而无由，乃为有莘氏媵臣，见汤，说以王道，佐之灭夏兴商。
⑥ 纣，商代之末王，得有苏氏美女妲己。妲，dá。宠信其言，务为暴虐，周武王伐而灭之。
⑦ 文，周文王；武，周武王。文王之父王季，有妃任姓，曰太任，有娠，严持胎教，生子即文王。文王嗣王季为商诸侯，时纣为无道，文王务行仁德，天下皆归心。文王有妃姒姓，曰太姒，恪尽妇道，生十男，有子名发，即武王。文王崩，武王立，遂灭商而兴周。

幽王之亡也以褒姒①。是以《诗》正《关雎》②，而《春秋》褒伯姬也③。

樊姬，楚国之夫人也。楚庄王④罢朝而晏，问其故，庄王曰："今旦与贤相语，不知日之晏也。"樊姬曰："贤相为谁？"王曰："为虞丘子⑤。"樊姬掩口而笑。王问其故，曰："妾幸得执巾栉以侍王，非不欲专贵擅爱也，以为伤王之义，故所进与妾同位者数人矣。今虞丘子为相十数年⑥，未尝进一贤。知而不进，是不忠也；不知，是不智也。不忠不智，安得为贤？"明日，朝，王以樊姬之言告虞丘子，虞丘子稽首曰："如樊姬之言！"于是辞位

---

① 幽王，名宫湦，西周之末王。褒国进女，曰褒姒，幽王爱之，废后申氏，立以为后，废申后子宜臼，立褒姒子伯服为太子。申后父侯怒，召犬戎等攻幽王，杀之，立宜臼为王，是为平王，东迁于洛而周衰。
② 《关雎》，《诗经·国风》首篇名，文王后妃所作，思得淑女以自助。
③ 《春秋》，本鲁史记名，后因泛称记史事之书。伯姬，鲁宣公之女，为宋共公夫人，宋灾，有司请出，伯姬以为妇人夜出，不见傅母不下堂，终不出而死于火，《春秋》因称其谥而书"宋共姬卒"以贤之。
④ 楚庄王，名旅，一作"侣"。春秋时霸主之一。
⑤ 虞丘子，一作"沈令尹"。
⑥ "十数年"，一作"数十年"。校订者按：或作"数年"。

而进孙叔敖。孙叔敖相楚,庄王卒以霸,樊姬与有力焉。

卫灵公①之时,蘧伯玉②贤而不用,弥子瑕③不肖而任事。卫大夫史鰌④患之,数以谏灵公而不听。史鰌病且死,谓其子曰:"我即死,治丧于北堂⑤!吾⑥不能进蘧伯玉而退弥子瑕,是不能正君也。生不能正君者,死不当成礼。置尸北堂,于我足矣。"史鰌死,灵公往吊,见丧在北堂,问其故,其子具以父言对灵公。灵公蹴然⑦易容,寪然⑧失位,曰:"夫子生则欲进贤而退不肖,死且不懈,又以尸谏,可谓忠而不衰矣!"于是乃召蘧伯玉而进之以为卿,退弥子瑕,徙丧正堂,成礼而后返。卫国以治。史鰌,字子鱼,《论语》所谓"直哉史

---

① 卫灵公,名元。
② 蘧伯玉,名瑗。
③ 弥子瑕,灵公之宠臣。
④ 鰌,qiū。
⑤ 治丧于北堂,偏不成礼。校订者按:谓不合礼节,应停放于正堂。
⑥ "吾"字下一本有"生"字。
⑦ 蹴然,不安貌。
⑧ 寪然,惊状。

鱼"者也①。

楚文王②有疾，召令尹曰："常侍筦苏③与我处，常忠我以道，正我以义。吾与处，不安也；不见，不思也。虽然，吾有得也。其功不细，必厚爵之！申侯伯与处，常纵恣吾。吾所乐者，劝吾为之；吾所好者，先吾服之。吾与处，欢乐之；不见，戚戚也。虽然，吾终无得也。其过不细，必亟遣之！"令尹曰："诺。"明日，王薨。令尹即拜筦苏为上卿，而逐申侯伯出之境。曾子④曰："鸟之将死，其鸣也哀；人之将死，其言也善。"⑤言反其本性，文王之谓也。故孔子曰："朝闻道，夕死可矣。"⑥于以开后嗣，觉来世，犹愈没身不寤者也。

昔者，魏武侯⑦谋事而当，群臣莫能逮，朝而

---

① 《论语·卫灵公》曰："直哉史鱼！邦有道，如矢；邦无道，如矢。"
② 楚文王，芈姓，熊氏，名赀。
③ 常侍，官名。筦苏，一作"筦饶"。校订者按：筦，通"管"，亦作"管苏""管饶"。
④ 曾子，名参，字子舆，孔子弟子。
⑤ 语见《论语·泰伯》。
⑥ 语见《论语·里仁》。
⑦ 魏武侯，名击，文侯子。

有喜色。吴起①进曰:"今者有以楚庄王之语闻者乎?"武侯曰:"未也。庄王之语奈何?"吴起曰:"楚庄王谋事而当,群臣莫能逮,朝而有忧色。申公巫臣②进曰:'君朝而有忧色,何也?'庄王曰:'吾闻之:诸侯自择师者王,自择友者霸,足己而群臣莫之若者亡。今以不谷③之不肖,而议于朝,且群臣莫能逮,吾国其几于亡矣!吾是以有忧色也。'庄王之所以忧,而君独有喜色,何也?"武侯逡巡④而谢曰:"天使夫子振⑤寡人之过也!天使夫子振寡人之过也!"

赵简子⑥上羊肠⑦之坂,群臣皆偏袒推车,而虎会独担戟行歌不推车。简子曰:"寡人上坂,群臣皆推车,会独担戟行歌不推车,是会为人臣侮其

---

① 吴起,战国名将。尝立功于魏、楚,为楚人所杀。
② 申公巫臣,姓屈,字子灵,一名巫,封申公,春秋时人。先为楚臣,以罪奔晋。
③ 不谷,王侯自称。
④ 逡巡,退却貌。
⑤ 振,举救。
⑥ 赵简子,名鞅,春秋时晋卿。
⑦ 羊肠,坂名,南起河南沁阳市,北抵山西泽州县。战国时,为赵要塞,石磴萦委如羊肠,故名。

主。为人臣侮其主，其罪何若？"虎会对曰："为人臣而侮其主者，死而又死。"简子曰："何谓死而又死？"虎会曰："身死，妻子又死，若是谓死而又死。君既已闻为人臣而侮其主之罪矣，君亦闻为人君而侮其臣者乎？"简子曰："为人君而侮其臣者何若？"虎会对曰："为人君而侮其臣者，智者不为谋，辩者不为使，勇者不为斗。智者不为谋，则社稷危；辩者不为使，则使不通；勇者不为斗，则边境侵。"简子曰："善。"乃罢群臣推车，为士大夫置酒，与群臣饮，以虎会为上客。

秦欲伐楚，使使者往观楚之宝器。楚王闻之，召令尹子西①而问焉，曰："秦欲观楚之宝器，吾和氏之璧②、随侯之珠③，可以示诸？"令尹子西对曰：

---

① 子西，名申，平王庶子，昭王兄（一作"昭王弟"）。子西与叶公子高皆与昭奚恤不同时，此记与事实不符。
② 楚人卞和得璞玉，献之楚厉王，玉人曰："石也。"王刖和左足。武王即位，又献之，玉人又曰："石也。"王刖和右足。文王即位，和乃抱璞而哭，三日三夜，文王乃使玉人琢之，果得玉，因名为和氏璧。
③ 随侯，汉中姬姓国之诸侯。尝见大蛇伤断，以药涂之。后蛇衔珠为报，纯白而夜光，大径寸，因名为随侯珠。

"臣不知也。"召昭奚恤[1]而问焉,昭奚恤对曰:"此欲观吾国得失而图之,不在宝器,在贤臣。珠宝玩好之物,非宝重者。"王遂使昭奚恤应之。昭奚恤发精兵三百人,陈于西门之内,为东面之坛一,为南面之坛四,为西面之坛一。秦使者至,昭奚恤曰:"君,客也,请就上位东面!"令尹子西南面,太宗子敖[2]次之,叶公子高[3]次之,司马[4]子反次之。昭奚恤自居西面之坛,称曰:"客欲观楚国之宝器,楚国之所宝者,贤臣也。理百姓,实仓廪,使民各得其所,令尹子西在此;奉珪璧,使诸侯,解忿悁[5]之难,交两国之欢,使无兵革之忧,太宗子敖在此;守封疆,谨境界,不侵邻国,邻国亦不见侵,叶公子高在此;理师旅[6],整兵戎,以当强

---

[1] 昭奚恤,楚名将。
[2] 太宗,官名,一作"太宰"。子敖,一作"子牧",又作"子方",未详。
[3] 叶公子高,春秋楚人,姓沈,名诸梁,子高其字,为叶县尹,僭称公。
[4] 司马,官名,掌军旅之事。
[5] 忿悁,易怒难忍之意。
[6] 旅,兵队之通称。

敌，提枹①鼓以动百万之众，所使皆趋汤火，蹈白刃，出万死不顾一生之难，司马子反在此；怀霸王之余议，摄治乱之遗风，昭奚恤在此。唯大国之所观！"秦使者戄然②无以对，昭奚恤遂揖而去。秦使者反，言于秦君曰："楚多贤臣，未可谋也。"遂不伐楚。《诗》曰："济济多士，文王以宁。"③斯之谓也。

晋平公浮西河④，中流而叹曰："嗟乎！安得贤士与共此乐者？"船人固桑⑤进对曰："君言过矣！夫剑产干、越⑥，珠产江、汉⑦，玉产昆山⑧，此三宝者，皆无足而至。今君苟好士，则贤士至矣。"平公曰："固桑来！吾门下食客者三千余人。朝食不

---

① 枹，fú，击鼓杖。
② 戄，jué；戄然，惊貌。
③ 《诗经·大雅·文王》章之语。济济，众盛貌。
④ 晋平公，名彪，悼公之子。一作"赵简子"。浮，游，泛舟。西河，水名。校订者按：西河，指龙门一带的黄河，因在晋西而得名。
⑤ 固桑，一作"盖桑"，又作"盍胥"。
⑥ 古时越以产宝剑闻名，如干将、莫邪、纯钩、湛卢等，皆为越产。校订者按：干，国名，即吴。吴、越出善剑。
⑦ 江水、汉水间，昔以产珠闻名。
⑧ 昆山，即昆仑山之简称，盛产宝玉。

足,暮收市租;暮食不足,朝收市租。吾尚可谓不好士乎?"固桑对曰:"今夫鸿鹄,高飞冲天,然其所恃者,六翮①耳;夫腹下之毳②、背上之毛,增去一把,飞不为高下。不知君之食客三千余人,六翮邪?将腹背之毛毳也?"平公默然而不应焉。

楚威王③问于宋玉④曰:"先生其有遗行⑤邪?何士民众庶不誉之甚也?"宋玉对曰:"唯!然!有之。愿大王宽其罪,使得毕其辞!客有歌于郢⑥中者,其始曰《下里》《巴人》⑦,国中属而和者数千人;其为《阳陵》《采薇》⑧,国中属而和者数百人;其为《阳春》《白雪》⑨,国中属而和者数十人

---

① 翮为羽茎,古谓凤有六翮,此则指鸿鹄。
② 毳,cuì,细毛。
③ 楚威王,名熊商,谥曰威。一作"襄王"。
④ 宋玉,楚鄢人。为大夫,有文才,多寓言托兴之作。
⑤ 遗行,可遗弃之行。校订者按:意为失检的行为,即品行有失。
⑥ 郢,楚都,在今湖北荆州市。
⑦ 《下里》,乡里歌谣,因其为乡鄙歌谣,故即以"下里"名之;《巴人》,巴人所歌。二者皆俚俗之歌,人人能之。
⑧ 《阳陵》《采薇》,皆曲名。一作"《阳阿》《采菱》",又作"《阳阿》《薤露》"。
⑨ 《阳春》《白雪》,皆高雅乐曲名。

而已也;引商刻角,杂以流徵,国中属而和者不过数人①。是其曲弥高者,其和弥寡。故鸟有凤而鱼有鲸②:凤鸟上击于九千里,绝浮云,负苍天,翱翔乎窈冥③之上,夫粪田之鹦④,岂能与之断⑤天地之高哉?鲸鱼朝发昆仑之墟⑥,暴鬐于碣石⑦,暮宿于孟诸⑧,夫尺泽之鲵,岂能与之量江海之大哉?故非独鸟有凤而鱼有鲸也,士亦有之。夫圣人瑰意奇行⑨,超然独处,世俗之民,又安知臣之所为哉?"

鲁君使宓子贱为单父宰⑩。子贱辞去,因请借善

---

① 角,一作"羽"。宫、商、角、徵、羽五音,所以协律;歌而以音律绳之,宜人以为难而和者寡。校订者按:商音较高,唱时须提高嗓音,故称"引商";角音清越,唱时须用力刻画,故称"刻角";徵音流畅,故称"流徵"。
② 鲸,一作"鲲"。下同。
③ 窈冥,天空幽暗貌。校订者按:窈冥,遥空,极高远处。
④ 鹦,小鸟,常栖田野间。
⑤ 断,一作"绝"。
⑥ 昆仑,亚洲大山脉之一。墟,山下基。
⑦ 碣石,山名,在今河北昌黎县。
⑧ 孟诸,古泽名,在今河南商丘市东北。
⑨ 瑰意奇行,奇伟之志行。
⑩ 宓子贱,名不齐,孔子弟子,鲁人。单父,故城在今山东单县南。宰,邑长。

书者二人,使书宪书教品①,鲁君予之。至单父,使书,子贱从旁引其肘。书丑,则怒之;欲好书,则又引之。书者患之,请辞而去。归以告鲁君,鲁君曰:"子贱苦吾扰之,使不得施其善政也。"乃命有司无得擅征发单父,单父之化大治。故孔子曰:"君子哉!子贱。鲁无君子者,斯焉取斯!"②美其德也。

梁君出猎,见白雁群。梁君下车,彀弓③欲射之。道有行者,梁君谓行者止,行者不止,白雁群骇④。梁君怒,欲射行者。其御公孙袭下车抚矢曰:"君止!"梁君忿然作色而怒曰:"袭不与⑤其君而顾与他人,何也?"公孙袭对曰:"昔齐景公⑥之时,天大旱三年,卜之,曰:'必以人祠⑦,乃雨。'

---

① 宪书,法令之书件。教品,谕教之属。
② 语见《论语·公冶长》。言子贱君子哉,常取人之长,以为己法,使鲁无君子,此人又何从取法乎。
③ 彀弓,引满其弓。
④ 骇,惊起。
⑤ 与,帮助。
⑥ 齐景公,名杵臼。
⑦ 以人祠,杀人以祭。

景公下堂顿首曰：'凡吾所以求雨者，为吾民也。今必使吾以人祠，乃且雨，寡人将自当之。'言未卒而天大雨方千里者，何也？为有德于天而惠于民也。今主君以白雁之故而欲射人，袭谓主君言无异于虎狼！"梁君援①其手与上车，归，入郭门，呼万岁，曰："幸哉！今日也。他人猎皆得禽兽，吾猎得善言而归。"

晋文公②逐麋③而失之，问农夫老古曰："吾麋何在？"老古以足指曰："如是往。"文公曰："寡人问子，子以足指，何也④？"老古振⑤衣而起曰："一不意人君如此也！虎豹之居也，厌闲而近人⑥，故得；鱼鳖之居也，厌深而之浅，故得；诸侯厌众而亡其国⑦。《诗》云：'维鹊有巢，维鸠居之。'⑧君

---

① 援，牵持。
② 晋文公，名重耳，春秋时霸主之一。
③ 麋，鹿之大者。
④ 怪其不敬。
⑤ 振，抖擞去尘之意。
⑥ 闲，防御。厌闲而近人，言其厌居可以为防之严穴而喜与人相近。
⑦ 一作"诸侯之居也，厌众而远游，故亡其国"。
⑧ 《诗经·召南·鹊巢》之语。

放不归，人将居之①。"于是文公恐。归遇栾武子②，栾武子曰："猎得兽乎？而有悦色。"文公曰："寡人逐麋而失之，得善言，故有悦色。"栾武子曰："其人安在乎？"曰："吾未与来也。"栾武子曰："居上位而不恤其下，骄也；缓令急诛，暴也；取人之言而弃其身，盗也。"文公曰："善。"还载老古与俱归。

魏文侯③出游，见路人反裘而负刍④，文侯曰："胡为反裘而负刍？"对曰："臣爱其毛。"文侯曰："若不知其里尽而毛无所恃邪？"明年，东阳上计⑤，钱布十倍，大夫毕贺。文侯曰："此非所以贺我也，譬无异夫路人反裘而负刍也，将爱其毛，不知其里尽，毛无所恃也。今吾田地不加广，士民不加众，而钱十倍，必取之士大夫也。吾闻之：下不安者，上不可居也。此非所以贺我也！"

---

① 放，纵恣不检束。
② 栾武子，晋大夫，名书，卒谥武。校订者按：栾武子晚于晋文公四十多年，二人不同时。疑有误。
③ 魏文侯，名斯，战国时贤君。
④ 反裘，毛向内。刍，薪。
⑤ 东阳，魏邑，在今河北省广平县北。上计，上其所收入之记簿。

楚庄王问于孙叔敖曰:"寡人未得所以为国是也。"孙叔敖曰:"国之有是,众非之所恶也,臣恐王之不能定也。"王曰:"不定,独在君乎?亦在臣乎?"孙叔敖曰:"国君骄士曰:'士非我无逌①贵富。'士骄君曰:'国非士无逌安强。'人君或至失国而不悟,士或至饥寒而不进,君臣不合,国是无逌定矣。夏桀、殷纣,不定国是,而以合其取舍者为是,以不合其取舍者为非,故致亡而不知。"庄王曰:"善哉!愿相国与诸侯士大夫共定国是!寡人岂敢以褊国②骄士民哉!"

梁大夫有宋就者,尝为边县令,与楚邻界。梁之边亭与楚之边亭皆种瓜,各有数。梁之边亭人劬力③,数灌其瓜,瓜美;楚人窳④而稀灌其瓜,瓜恶。楚令因以梁瓜之美,怒其亭瓜之恶也。楚亭人心恶梁亭之贤己,因夜往窃搔梁亭之瓜,皆有死焦者矣。梁亭觉之,因请其尉,亦欲窃往报搔楚亭之

---

① 逌,通"由"。
② 褊国,狭小之国。
③ 劬,qú;劬力,犹劳力。
④ 窳,yǔ,惰。

瓜。尉以请宋就，就曰："恶！是何可？构怨祸之道也。人恶亦恶，何褊之甚也！若我教子，必每暮令人往，窃为楚亭夜善灌其瓜，勿令知也。"于是梁亭乃每暮夜窃灌楚亭之瓜。楚亭旦而行瓜，则又皆以灌矣。瓜日以美。楚亭怪而察之，则乃梁亭也①。楚令闻之，大悦，因具以闻楚王。楚王闻之，愁然愧，以意自闵也②，告吏曰："微搔瓜者，得无有他罪乎？此梁之阴让也。"乃谢以重币而请交于梁王。楚王时则称说梁王，以为信。故梁楚之欢，由宋就始。语曰："转败而为功，因祸而为福。"老子③曰："报怨以德。"此之谓也。夫人既不善，胡足效哉！

梁尝有疑狱，群臣半以为当罪，半以为无罪，虽梁王亦疑。梁王曰："陶之朱公，以布衣富侔

---

① 则乃梁亭也，犹则乃梁亭之所为也。
② 愁，nì；愁然，忧思貌。以，因。闵，伤。
③ 老子，姓李，名耳，字伯阳。外字聃，故亦称老聃。相传母怀之八十一岁而生，故号老子。尝为周守藏吏，见周衰，出函关隐去，著书曰《道德经》，为道家之祖。

国①,是必有奇智。"乃召朱公而问曰:"梁有疑狱,吏半以为当罪,半以为不当罪,虽寡人亦疑。吾子决是,奈何?"朱公曰:"臣,鄙民也,不知当狱。虽然,臣之家有二白璧,其色相如也,其径相如也,其泽相如也,然其价一者千金,一者五百金。"王曰:"径与色泽相如也,一者千金,一者五百金,何也?"朱公曰:"侧而视之,一者厚倍,是以千金。"梁王曰:"善。"故狱疑则从去,赏疑则从与,梁国大悦。由此观之,墙薄则亟坏,缯薄则亟裂,器薄则亟毁,酒薄则亟酸。夫薄而可以旷日持久者,殆未有也。故有国畜民②施政教者,宜厚之而可耳。

桓公③田,至于麦丘④,见麦丘邑人,问之:"子

---

① 陶朱公,春秋时人,姓范,名蠡,佐越王勾践灭吴。蠡以大名之下难以久居,且勾践为人,可与共患难,难与同安乐,遂浮海适齐,变姓名,治产致数千万。乃尽散其财,去而止陶,自号陶朱公,逐十一之利,又致资巨万。卒于陶。校订者按:此处与史实不符,陶朱公与梁王时代未有交接。
② 畜民,养民。
③ 桓公,齐桓公,名小白,春秋时第一霸主。
④ 麦丘,丘名。面山傍水,土人悉以种麦,谓不宜黍稷,故称。在今山东济南市莱芜区。

何为者也?"对曰:"麦丘邑人也。"公曰:"年几何?"对曰:"八十有三矣。"公曰:"美哉!寿乎!子其以子寿祝寡人!"麦丘邑人曰:"祝主君:使主君甚寿,金玉是贱,人为宝。"桓公曰:"善哉!至德不孤,善言必再,吾子其复之!"麦丘邑人曰:"祝主君:使主君无羞学,无恶下问,贤者在傍,谏者得入。"桓公曰:"善哉!至德不孤,善言必三,吾子一①复之!"麦丘邑人曰:"祝主君:使主君无得罪于群臣百姓。"桓公怫然②作色曰:"吾闻之:子得罪于父,臣得罪于君,未尝闻君得罪于臣者也。此一言者,非夫二言者之匹也,子更之!"麦丘邑人坐拜而起,曰:"此一言者,夫二言之长也。子得罪于父,可以因姑姊叔父而解之,父能赦之;臣得罪于君,可以因便辟左右而谢之,君能赦之。昔桀得罪于汤,纣得罪于武王,此则君之得罪于其臣者也,莫为谢,至今不赦。"公曰:"善!赖国家之福、社稷之灵,使寡人得吾子

---

① 一,一亦作"其"。
② 怫然,忿貌。

于此！"扶而载之，自御以归，礼之于朝，封之以麦丘而断政焉。

哀公①问孔子曰："寡人生乎深宫之中，长于妇人之手，寡人未尝知哀也，未尝知忧也，未尝知劳也，未尝知惧也，未尝知危也。"孔子辟席②曰："吾君之问，乃圣君之问也。丘③，小人也，何足以言之？"哀公曰："否，吾子就席！微④吾子，无所闻之矣。"孔子就席，曰："君入庙门，升自阼阶⑤，仰见榱栋，俯见几筵，其器存，其人亡。君以此思哀，则哀将安不至矣？君昧爽⑥而栉冠，平旦⑦而听朝，一物不应，乱之端也。君以此思忧，则忧将安不至矣？君平旦而听朝，日昃⑧而退，诸侯之子孙，必有在君之门廷者。君以此思劳，则劳将安

---

① 哀公，鲁君，名蒋。
② 辟，后作"避"；古人布席于地，各专一席而坐，有所敬，则起立避原位，谓之辟席。
③ 丘，孔子名。
④ 微，非。
⑤ 阼阶，东阶。
⑥ 昧爽，天将明未明之时。
⑦ 平旦，天平明之时。
⑧ 日昃，日过午。

不至矣？君出鲁之四门，以望鲁之四郊，亡国之墟列，必有数矣。君以此思惧，则惧将安不至矣？丘闻之：君者，舟也；庶人者，水也。水则载舟，水则覆舟。君以此思危，则危将安不至矣？夫执国之柄，履民之上，懔乎①如以腐索御奔马。《易》曰：'履虎尾。'②《诗》曰：'如履薄冰。'③不亦危乎？"哀公再拜曰："寡人虽不敏，请事斯语矣！"

田赞衣儒衣而见荆王④，荆王曰："先生之衣，何其恶也？"赞对曰："衣又有恶此者。"荆王曰："可得而闻耶？"对曰："甲恶于此。"王曰："何谓也？"对曰："冬日则寒，夏日则热，衣无恶于甲者矣。赞贫，故衣恶也。今大王，万乘之主也，富厚无敌，而好衣人以甲，臣窃为大王不取也。意者为其义耶？甲兵之事，折人之首，刳人之腹，堕人城郭，系⑤人子女，其名尤甚不荣。意者为其贵

---

① 懔乎，危惧貌。
② 《周易》履卦之辞。
③ 《诗经·小雅·小旻》章之辞。
④ 儒，一作"补"；补衣，弊衣。荆，楚之本号，鲁僖公元年，始改号楚。
⑤ 系，拘缚之意。

耶？苟虑①害人，人亦必虑害之；苟虑危人，人亦必虑危之。其贵人甚不安。之②二者，为大王无取焉。"荆王无以应也。昔卫灵公问陈，孔子言俎豆③，贱兵而贵礼也。夫儒服，先王之服也，而荆王恶之；兵者，国之凶器也，而荆王喜之。所以屈于田赞而危其国也。故《春秋》曰："善为国者不师。"此之谓也。

哀公④问于孔子曰："寡人闻之：东益宅⑤不祥。信有之乎？"孔子曰："不祥有五，而东益不与焉：夫损人而益己，身之不祥也；弃老取幼，家之不祥也；释贤用不肖，国之不祥也；老者不教，幼者不学，俗之不祥也；圣人伏匿，天下之不祥也。故不祥有五，而东益不与焉。《诗》曰：'各敬尔仪，天命不又。'⑥未闻东益之与为命也。"

---

① 虑，谋。
② 之，此。
③ 灵公问陈于孔子，孔子曰："俎豆之事，则尝闻之矣；军旅之事，未之学也。"见《论语·卫灵公》。
④ 哀公，即鲁哀公。
⑤ 东益宅，添筑宅舍于东面。
⑥ 《诗经·小雅·小宛》章之语。又，复。言汝君臣各敬慎威仪，天命所去，不复来。

新序

子张①见鲁哀公,七日而哀公不礼,托仆夫②而去,曰:"臣闻君好士,故不远千里之外,犯霜露,冒尘垢,百舍重趼③,不敢休息以见君,七日而君不礼。君之好士也,有似叶公子高之好龙也。叶公子高好龙,钩以写龙,凿以写龙,屋室雕文尽以写龙。于是天龙闻而下之,窥头于牖,拖尾于堂。叶公见之,弃而还走,失其魂魄,五色无主。是叶公非好龙也,好夫似龙而非龙者也。今臣闻君好士,故不远千里之外以见君,七日不礼。君非好士也,好夫似士而非士者也。《诗》曰:'中心藏之,何日忘之。'④敢托而去。"

齐有闾丘卬,年十八,道遮宣王⑤曰:"家贫亲老,愿得小仕。"宣王曰:"子年尚稚,未可也。"闾丘卬对曰:"不然。昔者颛顼行年十二而治天下⑥,秦

---

① 子张,姓颛孙,名师,孔子弟子。
② 托仆夫,托仆夫转致。
③ 百舍,百里一舍。趼,jiǎn,胝,茧子;重趼,胝皮肤起。
④ 《诗经·小雅·隰桑》章之语。
⑤ 宣王,齐君,名辟疆。
⑥ 颛顼,黄帝孙,二十岁即帝位。此言十二者,当指其参与国事之时。

项橐七岁而为圣人师①。由此观之，印不肖耳，年不稚矣。"宣王曰："未有呡角骖驹②而能服重致远者也。由此观之，夫士亦华发堕颠③而后可用耳。"闾丘印曰："不然。夫尺有所短，寸有所长。骅骝骐骥④，天下之骏马也，使之与狸鼬⑤试于釜灶之间，其疾未必能过狸鼬也；黄鹄白鹤，一举千里，使之与燕服翼⑥试之堂庑之下、庐室之间，其便未必能过燕服翼也；辟闾、巨阙⑦，天下之利器也，击石不阙，刺石不锉⑧，使之与管稿决目出眯⑨，其便未必能过管稿也。由此观之，华发堕颠，与印何以异哉？"宣王曰："善。子有善言，何见寡人之晚

---

① 项橐，七岁穷难孔子而为之师，小儿闻之，咸自矜大。所谓"师"者非真为师，言能令孔子取为法戒耳。
② 呡角，角短，指小牛。骖驹，谓小马，不能独任其劳，唯在车旁骖驾。
③ 华发，白发。颠，首；堕颠，秃首。
④ 骅骝骐骥，皆良马名。
⑤ 狸鼬，皆善捕鼠之兽。狸，狸猫；鼬即俗称之黄鼠狼。
⑥ 《方言》谓自关以东称蝙蝠为服翼。
⑦ 辟闾、巨阙，二宝剑名。春秋时，欧冶子铸二剑：一曰纯钩，二曰湛卢。湛卢湛湛然黑色，即辟闾，巨阙亦铸于其时。
⑧ 锉，通"挫"，折。
⑨ 管，草杆。稿，禾杆。眯，mí，物入目中。

也?"卬对曰:"夫鸡豚谨嗷①,即夺钟鼓之音;云霞充咽②,则夺日月之明。谗人在侧,是以见晚也。《诗》曰:'听言则对,谮言则退。'③庸得进乎?"宣王拊轼④曰:"寡人有过!"遂载与之俱归而用焉。故孔子曰:"后生可畏,安知来者之不如今?"⑤此之谓也。

## 刺奢

魏王将起中天台,令曰:"敢谏者死!"许绾⑥负蔂⑦操锸⑧入,曰:"闻大王将起中天台,臣愿加一力!"王曰:"子何力有加?"绾曰:"虽无力,能商台⑨。"王曰:"若何?"曰:"臣闻天与地相去万五千里,今王因而半之,当起七千五百里之台。

---

① 谨嗷,喧哗。
② 咽,yè;充咽,充塞之意。
③ 《诗经·小雅·雨无正》章语。原文"对"作"答"。
④ 拊,fǔ,以手着物。轼,车前横木。
⑤ 语见《论语·子罕》。
⑥ 许绾,魏臣。
⑦ 蔂,土笼。
⑧ 锸,起土之具。一作"畚"。
⑨ 商台,商榷台事。

高既如是，其趾须方八千里。尽王之地，不足以为台趾。古者尧、舜建诸侯，地方五千里。王必起此台，先以兵伐诸侯，尽有其地，犹不足，又伐四夷，得方八千里，乃足以为台趾。材木之积，人徒之众，仓廪之储，数以万亿。度八千里之外，当定农亩之地，足以奉给王之台者。台具以备，乃可以作。"魏王默然无以应，乃罢起台。

赵襄子①饮酒，五日五夜不废酒，谓侍者曰："我诚邦士②也，夫饮酒五日五夜矣，而殊不病！"优莫曰："君勉之！不及纣二日耳！纣七日七夜，今君五日。"襄子惧，谓优莫曰："然则吾亡乎？"优莫曰："不亡。"襄子曰："不及纣二日耳，不亡何待？"优莫曰："桀、纣之亡也，遇汤、武。今天下尽桀也，而君纣也。桀、纣并世，焉能相亡？然亦殆矣！"

魏文侯见箕季③，其墙坏而不筑。文侯曰："何

---

① 赵襄子，名无恤，简子之次子。
② 邦士，国士，国中杰出者之意。
③ 箕季，魏人。

为不筑？"对曰："不时。"其墙枉而不端①，问曰："何不端？"曰："固然。"从者食其园之桃，箕季禁之。少焉，日晏，进粝飧②之食，瓜瓠③之羹。文侯出，其仆曰："君亦无得于箕季矣。曩者进食，臣窃窥之，粝飧之食，瓜瓠之羹。"文侯曰："吾何无得于季也？吾一见季而得四焉：其墙坏不筑，云'待时'者，教我无夺农时也。墙枉而不端，对曰'固然'者，是教我无侵封疆也。从者食园桃，箕季禁之，岂爱桃哉？是教我下无侵上也。食我以粝飧者，季岂不能具五味④哉？教我无多敛于百姓，以省饮食之养也。"

邹穆公⑤有令："食凫雁必以秕⑥，无得以粟！"于是仓无秕而求易于民，二石粟而得一石秕。吏以为费，请以粟食之。穆公曰："去！非汝所知也。夫百姓饱牛而耕，暴背而耘，勤而不惰者，岂为鸟

---

① 枉，曲。端，直，正。
② 粝飧，粗食。
③ 瓠，hù，葫芦之一种，蔬类。
④ 五味，酸、苦、甘、辛、咸。
⑤ 邹，战国时小国，曹姓，春秋时称邾。穆公，邹君，名不详。
⑥ 秕，bǐ，不成粟。

兽哉？粟米，人之上食，奈何其以养鸟？且尔知小计，不知大会①。周谚曰：'囊漏贮中。'而独不闻欤？夫君者，民之父母，取仓之粟，移之于民，此非吾之粟乎？鸟苟食邹之秕，不害邹之粟也。粟之在仓与在民，于我何择？"邹民闻之，皆知私积与公家为一体也。此之谓知富邦。

## 节士

曹公子喜时②，字子臧，曹宣公③子也。宣公与诸侯伐秦，卒于师④，曹人使子臧迎丧，使公子负刍⑤与太子留守。负刍杀太子而自立。子臧见负刍之当主也，宣公既葬，子臧将亡，国人皆从之⑥。负刍立，是为曹成公。成公惧，告罪，且请子臧⑦，子

---

① 会，kuài，大计，犹今之统计。
② 喜时，一作"欣时"。
③ 曹宣公，名庐，一作"彊"。
④ 鲁成公十三年事。校订者按：前578年，晋厉公与齐、鲁、郑、卫、宋、曹等国进攻秦国，秦国战败。曹宣公死于军中。
⑤ 负刍，喜时庶兄。
⑥ 国人从子臧，以不义负刍故。
⑦ 请子臧，请其留而不亡去。

臧乃反。成公遂为君。其后晋侯会诸侯，执曹成公，归之京师，将见子臧于周天子而立之。子臧曰："前记有之：'圣达节，次守节，下失节①。'为君，非吾节也。虽不能圣，敢失守乎？"遂亡奔宋。曹人数请于晋，晋侯谓："子臧反国，吾归尔君。"于是子臧反国，晋乃言天子，归成公于曹。子臧遂以国致成公，成公为君，子臧不出，曹国乃安。子臧让千乘之国，可谓贤矣，故《春秋》贤而褒其后②。

延陵季子③将西聘晋，带宝剑以过徐④君。徐君观剑，不言而色欲之。延陵季子为有上国⑤之使，未献也，然其心许之矣。致使于晋，顾反，则

---

① 圣达节，言圣人应天命，不拘常礼。次守节，谓贤者。下失节，谓愚者妄动。
② 鲁昭公二十年，子臧子会以曹邑鄸叛奔宋，《春秋》当书"公孙会以鄸出奔宋"，乃曰"自鄸出奔宋"，而不著其叛，所以贤子臧而为其后讳，故曰"《春秋》贤而褒其后"。
③ 延陵，今江苏常州武进区。季子，名札，吴王寿梦之少子，封于延陵，故称延陵季子。
④ 徐，古国名，在今安徽泗县北。
⑤ 上国，谓中国，别于夷狄之国而言。是时吴为蛮地，故以上国称中土诸国。

徐君死于楚，于是脱剑致之嗣君。从者止之曰："此吴国之宝，非所以赠也。"延陵季子曰："吾非赠之也。先日吾来，徐君观吾剑，不言而其色欲之。吾为有上国之使，未献也。虽然，吾心许之矣。今死而不进，是欺心也。爱剑伪心，廉者不为也。"遂脱剑致之嗣君。嗣君曰："先君无命，孤不敢受剑。"于是季子以剑带徐君墓树而去。徐人嘉而歌之曰："延陵季子兮不忘故，脱千金之剑兮带丘墓①！"

申包胥者，楚人也。吴败楚兵于柏举②，遂入郢，昭王出亡在随③。申包胥不受命④而赴于秦乞师，曰："吴为无道，行封豕长蛇⑤，蚕食天下。从上国，始于楚。寡君失社稷，越在草莽⑥，使下臣告急，曰：'吴，夷狄也。夷狄之求无厌，灭楚则西与君

---

① "故""墓"二字叶韵。
② 柏举，楚地。在今湖北麻城市。吴败楚事在鲁定公四年。
③ 昭王，楚君，名轸，一作"珍"。随，古国名，在今湖北。
④ 不受命，言未受王命。
⑤ 封豕，大豕；封豕长蛇，喻吴之贪暴。
⑥ 越，播越，流离之义。在草莽，不在朝而在野，喻失所。

接境。若邻于君，疆场之患也。逮吴之未定，君其图之①！若得君之灵，存抚②楚国，世以事君。'"秦伯使辞焉，曰："寡君闻命矣，子其就馆，将图而告子！"对曰："寡君越在草莽，未获所休，下臣何敢即安？"倚于庭墙立哭，日夜不绝声，水浆不入口，七日七夜。秦哀公为赋《无衣》之诗③，言兵今出。包胥九顿首④而坐。秦哀公曰："楚有臣若此而亡，吾无臣若此，吾亡无日矣！"于是乃出师救楚。申包胥以秦师至楚，秦大夫子满⑤、子虎帅车五百乘。子满曰："吾未知吴道⑥。"使楚人先与吴人战，而会之，大败吴师。吴师既退，昭王复国，而赏始于包胥。包胥曰："辅君安国，非为身也；救急除害，非为名也。功成而受赏，是卖勇也。君既定，又何求焉？"遂逃赏，终身不见。君子曰：

---

① 言及吴未定，君盍乘机谋取楚地。
② 抚，存恤。
③ 秦哀公，名不详。《无衣》之诗，见《诗经·秦风》，中有"修我戈矛""与子同仇""与子偕行"等语。
④ 《无衣》三章，每章三顿首，故九顿首。
⑤ 子满，一作"子蒲"。
⑥ 道，犹法术。

"申子之不受命赴秦,忠矣;七日七夜不绝声,厚矣。不受赏,不伐矣。然赏所以劝善也。辞赏,亦非常法也。"

原宪①居鲁,环堵之室②,茨③以生蒿,蓬户瓮牖④,揉桑以为枢⑤,上漏下湿,匡坐而弦歌⑥。子贡⑦闻之,乘肥马,衣轻裘,中绀⑧而表素,轩车不容巷⑨,往见原宪。原宪冠华冠,杖藜杖而应门。正冠则缨绝⑩,衽襟则肘见⑪,纳屦则踵决⑫。子贡曰:"嘻!先生何病⑬也?"原宪仰而应之曰:"宪闻之:无财之谓贫,学而不能行之谓病。宪,贫也,非病

---

① 原宪,鲁人,一曰宋人,字子思,孔子弟子。
② 堵长一丈,高一尺,而环一堵为方丈,故曰环堵之室,言其贫。
③ 茨,cí,盖屋。
④ 蓬户,编蓬为户。瓮牖,以败瓮口为牖,或云窗圆如瓮口。
⑤ 揉,屈伸木。枢,户枢。
⑥ 匡坐,正坐。弦,琴瑟之属;弦歌,作乐而歌。
⑦ 子贡,姓端木,名赐,孔子弟子。
⑧ 绀,gàn,深青扬赤色,俗称天青。
⑨ 不容巷,巷狭不能容。
⑩ 正冠则缨绝,言缨不坚韧。
⑪ 衽,整;衽襟,整襟。肘见,袖不完好。
⑫ 决,出露之意;纳屦踵决,屦旁与屦底不相属。
⑬ 病,困苦之意。

也。若夫希①世而行，比周②而交，学以为人，教以为己，仁义之匿，舆马之饰，宪不忍为也。"子贡逡巡，面有愧色，不辞而去。原宪曳杖拖屦，行歌《商颂》③而反，声满天地，如出金石。天子不得而臣也，诸侯不得而友也。故养志者忘身，身且不爱，孰能累之！《诗》曰："我心匪石，不可转也。我心匪席，不可卷也。"④此之谓也。

晋文公反国⑤，李离为大理⑥，过杀不辜，自系曰："臣之罪当死！"文公令之曰："官有上下，罚有轻重，是下吏之罪也，非子之过也。"李离曰："臣居官为长，不与下让位；受禄为多，不与下分利。过听杀无辜，委下畏死，非义也。臣之罪当死矣！"文公曰；"子必自以为有罪，则寡人亦有

---

① 希，有所冀而迎合之。
② 比周，阿附之意。
③ 颂，《诗经》之一体，乐章之兼有舞容者；《商颂》，颂之专属商代者。
④ 《诗经·邶风·柏舟》章语。言石虽坚，尚可转；席虽平，尚可卷；我心志坚平，过于石、席。
⑤ 晋文公因其父献公宠骊姬，害群公子，故出亡，在外十九年，归国即位。
⑥ 大理，掌刑法之官。

过矣。"李离曰:"君量能而授官,臣奉职而任事。臣受印绶之日,君命曰:'必以仁义辅政,宁过于生,无失于杀!'臣受命不称,壅惠蔽恩。如臣之罪,乃当死,君何过之有?且理有法,失生即生,失杀即死。君以臣为能听微决疑,故任臣以理。今离刻深,不顾仁义;信文墨①,不察是非;听他辞,不精事实;掠服②无罪,使百姓怨。天下闻之,必议吾君;诸侯闻之,必轻吾国。怨积于百姓,恶扬于天下,权轻于诸侯。如臣之罪,是当重死!"文公曰:"吾闻之也:直而不枉,不可与往;方而不圆,不可与长存。愿子以此听寡人也!"李离曰:"君以所私害公法,杀无罪而生当死,二者非所以教于国也。离不敢受命!"文公曰:"子独不闻管仲之为人臣邪?身辱而君肆,行污而霸成③。"李离曰:"臣无管仲之贤,而有辱污之名;无霸王之功,

---

① 文墨,官中申详之文件。
② 掠服,刑讯诬服。
③ 肆,肆行其志。齐内乱,公子纠自鲁入,桓公自莒先入。管仲助子纠,以鲁师与齐师战,射桓公,中其带钩。鲁师既败,子纠被杀,管仲被囚,桓公释之以为相,而齐遂霸。

而有射钩之累①。夫无能以临官,籍②污以治人,君虽不忍加之于法,臣亦不敢污官乱治以生。臣闻命矣!"遂伏剑而死。

晋文公反国,酌士大夫酒,召咎犯③而将之,召艾陵④而相之,授田百万。介子推⑤无爵齿而就位,觞三行,介子推奉觞而起曰:"有龙矫矫,将失其所;有蛇从之,周流天下。龙既入深渊,得其安所;蛇脂尽干,独不得甘雨。此何谓也?"文公曰:"嘻!是寡人之过也。吾为子爵与,待旦之朝也;吾为子田与,河东阳之间。"介子推曰:"推闻君子之道:谒而得位,道士⑥不居也;争而得财,廉士不受也。"文公曰:"使我得反国者,子也。吾

---

① 离意未能使文公成霸王之业,反枉法以累君,是无异有管仲射钩之事而不能有管仲佐霸功。
② 籍,蹈。
③ 咎犯,姓狐,名偃,字子犯,文公之舅,故又称舅犯。从文公出亡。文公反国定霸,偃谋居多。
④ 艾陵,未详。
⑤ 介子推,又称介之推,"之"为语助,"推"即其名。亦从文公于外,曾有功。
⑥ 道士,有道之士。

将以成子之名。"介子推曰："推闻君子之道：为人子而不能承①其父者，则不敢当其后；为人臣而不见察于其君者，则不敢立于其朝。然推亦无索于天下矣。"遂去而之介山②之上。文公使人求之不得，为之避寝三月，号呼期年。《诗》曰："逝将去汝，适彼乐郊。乐郊乐郊，谁之永号？"③此之谓也。文公待之不肯出，求之不能得，以谓焚其山宜出。及焚其山，遂④不出而焚死。

公孙杵臼、程婴者，晋大夫赵朔客也。晋赵穿弑灵公，赵盾时为贵大夫，亡不出境，还不讨贼，故《春秋》责之，以盾为弑君⑤。屠岸贾者，幸

---

① 承，奉。
② 介山，在今山西沁源、灵石、介休三县之界，亦名绵山，盘亘百里。校订者按：因介之推携母隐居于此，故称介山。
③ 《诗经·魏风·硕鼠》章语。逝，往。之，语气助词。永号，长歌。谁独当往而长歌，言皆喜而无忧。
④ 遂，终。
⑤ 赵穿，赵盾族弟。灵公，名夷皋，文公孙，襄公子。赵盾，文公功臣赵衰子，历事襄公、灵公、成公，握晋政权。灵公侈，盾数谏，公患之，欲杀盾，盾出奔，未出晋境，而赵穿已弑公，盾遂反复位，置穿不问。《春秋》以其亡未出境，归又不讨贼，遂直书曰："晋赵盾弑其君夷皋。"

于灵公。晋景公①时,贾为司寇②,欲讨灵公之贼。盾已死,欲诛盾之子赵朔,遍告诸将曰:"盾虽不知,犹为首贼。贼臣弑君,子孙在朝,何以惩罪?请诛之!"韩厥③曰:"灵公遇贼,赵盾在外,吾先君④以为无罪,故不诛。今诸君将妄诛,妄诛谓之乱;臣有大事,君不闻,是无君也。"屠岸贾不听。韩厥告赵朔趣亡,赵朔不肯,曰:"子必不绝赵祀⑤,予死不恨!"韩厥许诺,称疾不出。贾不请而擅与诸将攻赵氏于下宫,杀赵朔、赵同、赵括、赵婴齐⑥,皆灭其族。赵朔妻,成公姊,有遗腹,走公宫匿。公孙杵臼谓程婴:"胡不死?"婴曰:"朔之妻有遗腹。若幸而男,吾奉之;即女也,吾徐死耳。"无何而朔妻免,生男。屠岸贾闻之,索于宫。

---

① 景公,名据。灵公被弑,赵盾立襄公弟黑臀,是为成公。景公即成公之子。
② 司寇,刑官。
③ 韩厥,晋卿。曾佐晋悼公复霸诸侯,卒谥献,故又称韩献子。校订者按:晋灵公时,赵盾曾推荐韩厥为司马。
④ 先君,指成公。
⑤ 犹言"子必不绝赵祀者"。
⑥ 赵同、赵括、赵婴齐,皆赵盾异母弟。

朔妻置儿袴中,祝曰:"赵宗灭乎,若号!即不灭乎,若无声!"及索,儿竟无声。已脱,程婴谓杵臼曰:"今一索不得,后必且复之,奈何?"杵臼曰:"立孤与死孰难?"婴曰:"立孤亦难耳。"杵臼曰:"赵氏先君遇子厚,子强为其难者,吾为其易者,吾请先死!"而二人谋,取他婴儿,负以文褓,匿山中。婴谓诸将曰:"婴不肖,不能立孤。谁能与吾千金,吾告赵氏孤处。"诸将皆喜,许之,发师随婴攻杵臼。杵臼曰:"小人哉,程婴!下宫之难不能死,与我谋匿赵氏孤儿,今又卖之。纵不能立孤儿,忍卖之乎!"抱而呼:"天乎!赵氏孤儿何罪?请活之,独杀杵臼也!"诸将不许,遂并杀杵臼与儿。诸将以为赵氏孤儿已死,皆喜。然赵氏真孤儿乃在,程婴卒与俱匿山中。居十五年,晋景公病,卜之,大业之胄①者为祟。景公问韩厥。韩厥知赵孤存,乃曰:"大业之后,在晋绝祀者,其赵氏乎②。夫自中行衍③,皆嬴姓也。中行衍人面鸟

---

① 大业,古帝颛顼之苗裔,一说即皋陶。胄,后嗣。
② 大业之子伯益,佐舜调鸟兽,舜赐姓嬴氏,赵氏与秦,皆嬴姓裔。
③ 中行衍,一作"中衍",伯益之后。

嘚①,降佐帝大戊及周天子,皆有明德②。下及幽、厉无道③,而叔带④去周适晋,事先君缪侯,至于成公,世有立功⑤,未尝绝祀。今及吾君独灭之赵宗,国人哀之,故见龟策⑥。唯君图之!"景公问:"赵尚有后子孙乎?"韩厥具以实告。景公乃与韩厥谋,立赵孤儿,召匿之宫中。诸将入问病,景公因韩厥之众,以胁诸将而见赵孤儿。孤儿名武。诸将不得已,乃曰:"昔下宫之难,屠岸贾为之,矫以君命,并命群臣。非然,孰敢作难?微君之病,群臣固将请立赵后。今君有命,群臣愿之。"于是召赵武、程婴遍拜诸将。遂俱与程婴、赵氏攻屠岸贾,灭其

---

① 嘚,zhòu,鸟口。中行衍口及手足皆似鸟。
② 帝大戊,商贤君,称中宗。中行衍为帝大戊御。其后嗣有名孟增者,幸于周成王;又有造父者,以善御幸于周穆王,穆王以赵城封造父,其族遂为赵氏。
③ 幽、厉,幽王、厉王,皆西周无道之君。
④ 叔带,造父八世孙。校订者按:当为造父七世孙,奄父之子。因周幽王荒淫无道,叔带离开周王朝,前往晋国,奉事晋文侯,始于晋国建立赵氏家族。
⑤ 缪侯,一作"文侯",名仇,周幽王时晋君。叔带五世生赵夙,为晋献公将,有功,夙孙衰,从文公出亡返国,成霸业,子盾又定晋乱,故曰"世有立功"。
⑥ 龟为卜,策为筮。

族,复与赵氏田邑如故①。赵武冠为成人,程婴乃辞大夫,谓赵武曰:"昔下宫之难,皆能死,我非不能死,思立赵氏后。今子既立,为成人,赵宗复故,我将下报赵孟②与公孙杵臼。"赵武号泣固请,曰:"武愿苦筋骨,以报子至死,而子忍弃我死乎?"程婴曰:"不可。彼以我为能成事,故皆先我死。今我不下报之,是以我事为不成也。"遂自杀。赵武服衰③三年,为祭邑,春秋祀之,世不绝。君子曰:"程婴、公孙杵臼,可谓信交厚士矣!婴之自杀下报,亦过矣!"

## 义勇

佛肸④以中牟⑤叛,置鼎于庭,致士大夫曰:"与我者受邑,不吾与者烹!"大夫皆从之。至于田卑⑥,曰:"义死不避斧钺之罪,义穷不受轩冕

---

① 屠岸贾灭赵氏,以其田与大夫祁奚,至是乃复与之。
② 赵孟,即赵盾。
③ 衰,cuī,丧服。
④ 佛,bì;肸,xī。佛肸,中牟大夫。
⑤ 中牟,在今河南鹤壁市西。
⑥ 田卑,一作"田基",又作"田英",中牟之邑人。

之服。无义而生,不仁而富,不如烹!"褰衣将就鼎,佛肸脱屦而生之。赵氏闻其叛也,攻而取之。闻田卑不肯与也,求而赏之。田卑曰:"不可也,一人举而万夫俯首,智者不为也;赏一人以惭万夫,义者不取也。我受赏,使中牟之士怀耻,不义。"辞赏徙处。曰:"以行临人①,不道,吾去矣!"遂南之楚。

楚太子建以费无极之谮见逐②。建有子曰胜,在外,子西召胜,使治白③,号曰白公。胜怨楚逐其父,将弑惠王④及子西,欲得易甲,陈士勒兵以示易甲曰:"与我,无患不富贵;不吾与,则此是也!"易甲笑曰:"尝言吾义矣,吾子忘之乎?立得天下,不义,吾不取也;威吾以兵,不义,吾不从也。今子将弑子之君,而使我从子,非吾前义也。子虽告我以利,威我以兵,吾不忍为也。子行

---

① 以行临人,谓以一己之行上驾于人。
② 建,楚平王之子,平王立,立为太子。费无极,楚大夫,为建少傅,无宠于建,谮于王而逐之。
③ 子西于胜为叔,时为令尹。白,楚边邑,在今河南息县。
④ 惠王,平王孙,昭王子,名章。

子之威，则吾亦得明吾义也。逆子以兵，争也；应子以声①，鄙也。吾闻士立义不争，行死不鄙。"拱而待兵，颜色不变也。

白公胜既杀令尹、司马②，欲立王子闾③以为王。王子闾不肯，劫之以刃。王子闾曰："王孙④辅相楚国，匡正王室，而后自庇焉，启之愿也。今子假威以暴王室，杀伐以乱国家，吾虽死，不子从也！"白公胜曰："楚国之重，天下无有，天以与子，子何不受也？"王子闾曰："吾闻辞天下者，非轻其利也，以明其德也；不为诸侯者，非恶其位也，以洁其行也。今吾见国而忘主，不仁也；劫白刃⑤而失义，不勇也。子虽告我以利，威我以兵，吾不为也！"白公强之，不可，遂杀之。叶公子高率众诛白公，而反惠王于国。

---

① 应子以声，谓出恶声以诟詈之。
② 令尹，公子申子西。司马，公子结子期，亦胜叔，昭王兄，一作"昭王弟"。
③ 王子闾，昭王弟，名启。昭王临殁，曾以国让之：闾五辞而后许。及昭王殁，仍与子西、子期援立之惠王。
④ 王孙，指白公胜。胜为楚平王之孙，故称。——校订者注
⑤ 劫白刃，言为兵所威胁。

新序

# 善谋

齐桓公时，江国、黄国①，小国也，在江、淮之间，近楚。楚，大国也，数侵伐，欲灭取之。江人、黄人患楚。齐桓公方存亡继绝，救危扶倾，尊周室，攘②夷狄，为阳谷之会③、贯泽之盟④，与诸侯将伐楚。江人、黄人慕桓公之义，来会盟于贯泽。管仲⑤曰："江、黄远齐而近楚。楚，为利之国也。若伐而不能救，无以宗诸侯⑥，不可受也。"桓公不听，遂与之盟。管仲死，楚人伐江灭黄⑦，桓公不能救，君子闵之。是后桓公信坏德衰，诸侯不附，遂陵迟不能复兴。夫仁智之谋，即事有

---

① 江国古诸侯国名，在今河南正阳县东南。黄国，古诸侯国名，今河南省潢川县西。
② 攘，排去。
③ 阳谷，齐邑，在今山东阳谷县北。鲁僖公三年，桓公会诸侯于此。
④ 贯泽，宋邑，在今山东曹县南。鲁僖公二年，桓公会诸侯于此。
⑤ 管仲，名夷吾，谥曰敬，故亦称管敬仲，相桓公成霸业者。
⑥ 无以宗诸侯，言不能为诸侯宗主。
⑦ 楚灭黄在鲁僖公十二年，而管仲死在灭黄后（仲死在僖公十四年），文与事实不符。

渐①,力所不能救,未可以受其质②。桓公受之,过也。管仲可谓善谋矣。《诗》云:"曾是莫听,大命以倾。"③此之谓也。

---

① 即事有渐,谓循事以行事,不遽求诸远。
② 质,奉币以求附。
③ 《诗经·大雅·荡》章之语。

# 说苑

说苑

# 君道

虞人与芮人质其成于文王①。入文王之境，则见其人民之让为士大夫；入其国，则见其士大夫让为公卿。二国者相谓曰："其人民让为士大夫，其士大夫让为公卿，然则此其君亦让以天下而不居矣。"二国者，未见文王之身，而让其所争，以为闲田，而反。孔子曰："大哉文王之道乎，其不可加矣！不动而变，无为而成，敬慎恭己，而虞、芮自平。"故《书》曰："惟文王之敬忌。"②此之谓也。

武王问太公③曰："得贤敬士，或不能以为治者，何也？"太公对曰："不能独断，以人言断者，殃也④。"武王曰："何为以人言断？"太公对曰："不能定所去，以人言去；不能定所取，以人言取；不能定所为，以人言为；不能定所罚，以人言罚；

---

① 虞、芮，二国名，虞在今山西省平陆县北，芮在今陕西省大荔县南。质，正。成，平。虞、芮之君，相与争田，久而不平，乃相谓曰："西伯（即文王），仁人也，盍往质焉。"
② 《尚书·康诰》语。忌，畏忌。
③ 太公，姓姜，名尚，字子牙。佐武王灭商而得天下。
④ 言以人言为断之害。

不能定所赏，以人言赏。贤者不必用，不肖者不必退，而士不必敬。"武王曰："善。其为国何如？"太公对曰："其为人恶闻其情，而喜闻人之情；恶闻其恶，而喜闻人之恶。是以不必治也。"武王曰："善。"

燕昭王①问于郭隗曰："寡人地狭民寡，齐人取蓟八城②，匈奴驱驰楼烦之下③，以孤之不肖，得承宗庙④，恐危社稷，存之有道乎？"郭隗曰："有。然恐王之不能用也。"昭王避席："愿请闻之！"郭隗曰："帝者之臣，其名臣也，其实师也；王者之臣，其名臣也，其实友也；霸者之臣，其名臣也，其实仆也；危国之臣，其名臣也，其实虏也。今王将东面，目指气使以求臣，则厮役之材至矣；南面听朝，不失揖让之礼以求臣，则人臣之材至矣；西面⑤等

---

① 燕昭王，名平，王哙之子。
② 蓟，古地名，故城在今北京市西南。王哙让国于相子之而不听政，三年，国大乱，齐因以兵乘之，燕几于亡。
③ 匈奴，北狄。楼烦，古国名，在今山西宁武县附近，地邻于燕。
④ 齐兵入燕二年，燕人共立昭王。
⑤ "西面"当作"北面"，下文"北面"当作"西面"。古者师东面而弟子西面。

礼相亢，下之以色，不乘势以求臣，则朋友之材至矣；北面拘指，逡巡①而退以求臣，则师傅之材至矣。如此，则上可以王，下可以霸，惟王择焉！"燕王曰："寡人愿学而无师。"郭隗曰："王诚欲兴道，隗请为天下之士开路！"于是燕王常置郭隗上坐，南面。居三年，苏子②闻之，从周归燕；邹衍③闻之，从齐归燕；乐毅④闻之，从赵归燕；屈景⑤闻之，从楚归燕。四子毕至，果以弱燕并强齐。夫燕、齐非均权敌战之国也，所以然者，四子之力也。《诗》曰："济济多士，文王以宁。"⑥此之谓也。

楚庄王既服郑伯，败晋师⑦，将军子重⑧三言而

---

① 拘，gōu，曲；拘指，卑恭之状。逡巡，行不进。
② 苏子，名代，纵横家苏秦之弟。
③ 邹衍，齐人，战国时阴阳家。善谈天。
④ 乐毅，燕名将。能用兵，燕之败齐，毅功居多。
⑤ 屈景，有文才。
⑥ 《诗经·大雅·文王》章语。济济，众盛貌。
⑦ 楚庄王，名一作"侣"，春秋时五霸之一。郑伯，即郑襄公，名坚。是时晋、楚争郑，郑服于晋，故庄王以兵围之，郑不能敌，遂从楚命，晋闻郑有楚难，发兵救之，楚大败之于邲。服郑败晋，皆鲁宣公十二年事。
⑧ 子重，名婴齐，庄王弟。

不当。庄王归,过申侯①之邑,申侯进饭,日中而王不食,申侯请罪,庄王喟然叹曰:"吾闻之:其君贤君也,而又有师者王;其君中君也,而又有师者霸;其君下君也,而群臣又莫若君者亡。今我下君也,而群臣又莫若不谷,不谷恐亡。且世不绝圣,国不绝贤,天下有贤而我独不得,若吾生者,何以食为!"故战服大国,义从诸侯,戚然忧恐,圣知不在乎身,自惜不肖②,思得贤佐,日中忘饭,可谓明君矣。

师经③鼓琴,魏文侯④起舞,赋曰:"使我言而无见违。"师经援琴而撞文侯,不中,中旒,溃之⑤。文侯顾谓左右曰:"为人臣而撞其君,其罪如何⑥?"左右曰:"罪当烹。"提师经下堂一等⑦。师

---

① 申,国名,今河南南阳市。校订者按:申侯,一作"申公巫臣"。
② 圣知不在乎身,自惜不肖,一作"圣智在身,而自错不肖"。
③ 师经,乐之之名经者。校订者按:魏文侯乐师,名经。古者掌乐之官曰师。
④ 魏文侯,名斯,战国时贤君。
⑤ 旒,冕饰。溃,散。
⑥ 其罪如何,言当治何罪。
⑦ 一等,一级。

经曰:"臣可一言而死乎?"文侯曰:"可。"师经曰:"昔尧、舜之为君也,惟恐言而人不违;桀、纣之为君也,惟恐言而人违之。臣撞桀、纣,非撞吾君也。"文侯曰:"释之,是寡人之过也!悬琴于城门,以为寡人符①!不补旒以为寡人戒!"

齐人弑其君②,鲁襄公③援戈而起曰:"孰臣而敢杀其君乎?"师惧曰:"夫齐君治之不能,任之不肖,纵一人之欲以虐万夫之性,非所以立君也;其身死,自取之也。今君不爱万夫之命,而伤一人之死,奚其过也!其臣已无道④矣,其君亦不足惜也。"

## 臣术

子贡⑤问孔子曰:"今之人臣孰为贤?"孔子曰:"吾未识也。往者,齐有鲍叔⑥,郑有子皮⑦,贤

---

① 符,信,言征实己过。
② 齐崔杼弑其君庄公,事在鲁襄公二十五年。
③ 鲁襄公,名午,成公之子。
④ 已无道,犹固已无道。
⑤ 子贡,姓端木,名赐,孔子弟子。
⑥ 鲍叔,齐大夫,名牙。荐管仲于桓公,因成霸业。
⑦ 子皮,姓罕氏,名虎,郑公族。为上卿,任子产以政而国治。

者也。"子贡曰:"然则齐无管仲①,郑无子产②乎?"子曰:"赐!汝徒知其一,不知其二。汝闻进贤为贤耶?用力③为贤耶?"子贡曰:"进贤为贤。"子曰:"然。吾闻鲍叔之进管仲也,闻子皮之进子产也,未闻管仲、子产有所进也。"

简子④有臣尹绰、赦厥⑤。简子曰:"厥爱我,谏我必不于众人中;绰也不爱我,谏我必于众人中。"尹绰曰:"厥也爱君之丑,而不爱君之过也;臣爱君之过,而不爱君之丑。"孔子曰:"君子哉!尹绰。面訾不面誉也⑥。"

子贡问孔子曰:"赐为人下,而未知所以为人下之道也。"孔子曰:"为人下者,其犹土乎!种之则五谷生焉,掘之则甘泉出焉,草木植焉,禽兽育

---

① 管仲,名夷吾,谥曰敬,故亦称管敬仲。相桓公成霸业者。
② 子产,姓国氏,名侨,亦郑公族。有政治才,自为郑相,郑国大安。
③ 用力,尽一己之职。
④ 简子,赵简子,名鞅,春秋时晋卿。
⑤ 尹绰、赦厥,一作"尹铎、赵厥"。
⑥ "也"字一本无。

焉，生人立焉，死人入焉①，多其功而不言②。为人下者，其犹土乎！"

子路③为蒲④令，备水灾，与民春修沟渎。为人烦苦，故予人一箪食⑤、一壶浆⑥。孔子闻之，使子贡复⑦之。子路忿然不悦，往见夫子曰："由也以暴雨将至，恐有水灾，故与人⑧修沟渎以备之，而民多匮⑨于食，故与人一箪食、一壶浆，而夫子使赐止之，何也？夫子⑩止由之行仁也，夫子以仁教而禁其行仁也，由也不受！"子曰："尔以民为饿，何不告于君，发仓廪以给食之，而以尔私馈之？是汝不明君之惠⑪，见汝之德义也。速已则可矣，否则尔之受罪不久矣！"子路心服而退也。

---

① "生人""死人"之"人"，一皆作"则"。立，一作"出"。
② 言，一作"息"。
③ 子路，姓仲，名由。
④ 蒲，卫地，在今河南长垣县。
⑤ 箪，dān，竹器。食，饭。
⑥ 浆，米汁。
⑦ 复，复其故状，不使施行。一作"覆"，又作"止"。
⑧ 人，一作"民"。
⑨ 匮，空乏。
⑩ 一本"夫子"上有一"是"字。
⑪ "是汝"句一作"是汝明君之无惠"。

新序说苑

## 建本

子路曰:"负重道远者,不择地而休;家贫亲老者,不择禄而仕。昔者,由事二亲之时,常食藜藿①之实,而为亲负米百里之外。亲没之后,南游于楚,从车百乘,积粟万钟②,累茵③而坐,列鼎④而食,愿食藜藿为亲负米之时,不可复得也!枯鱼衔索,几何不蠹⑤。二亲之寿,忽如过隙!草木欲长,霜露不使;贤者欲养,二亲不待!故曰:家贫亲老,不择禄而仕也。"

伯禽与康叔封朝于成王⑥,见周公⑦,三见而三笞。康叔有骇色,谓伯禽曰:"有商子者,贤人

---

① 藜藿,皆草名。
② 钟,古量名,合六斛四斗。
③ 茵,车重席。
④ 鼎,烹饪之器。
⑤ 枯鱼衔索,几何不蠹,谓以索贯枯鱼之口而售之,不久生蠹,以喻年迈之二亲,与枯干之鱼无异,倏将就木。
⑥ 伯禽,周公子。康,畿内国名;康叔封,武王弟,始封于康,故称康叔。成王,名诵,武王子。
⑦ 周公,名旦,武王弟。

也,与子见之①。"康叔封与伯禽见商子,曰:"某某也日,朝乎成王,见周公,三见而三笞,其说何也?"商子曰:"二子盍相与观乎南山之阳?有木焉,名曰桥。"二子者往观乎南山之阳,见桥竦焉②实而仰。反以告乎商子,商子曰:"桥③者,父道也。"商子曰:"二子盍相与观乎南山之阴?有木焉,名曰梓。"二子者往观乎南山之阴,见梓勃焉④实而俯。反以告商子,商子曰:"梓⑤者,子道也。"二子者明日见乎周公,入门而趋,登堂而跪。周公拂其首,劳而食之,曰:"安见君子?"二子对曰:"见商子。"周公曰:"君子哉!商子也。"

孟子曰:"人知粪其田,莫知粪其心。粪田莫过利苗得粟,粪心易行而得其所欲。何谓粪心?博学多闻。何谓易行?一性止淫也。"

孔子曰:"可以与人⑥终日而不倦者,其惟学

---

① 商子,即纣之贤臣商容,一说名高。"与子"下,一本有"往"字。
② 竦焉,高耸貌。
③ 桥,一作"仰"。
④ 勃焉,兴起貌。
⑤ 梓,一作"俯"。
⑥ 人,一作"言"。

乎！其身体不足观也，其勇力不足惮也，其先祖不足称也，其族姓不足道也，然而可以闻四方而昭于诸侯者，其惟学乎！《诗》曰：'不愆不亡，率由旧章。'①夫学之谓也。"

晋平公②问于师旷③曰："吾年七十，欲学，恐已暮矣。"师旷曰："暮何不炳④烛乎？"平公曰："安有为人臣而戏其君乎？"师旷曰："盲臣⑤安敢戏君？臣闻之：少而好学，如日出之阳；壮而好学，如日中之光；老而好学，如炳烛之明。炳烛之明，孰与昧行⑥乎？"平公曰："善哉！"

甯越，中牟鄙人⑦也。苦耕之劳，谓其友曰："何为而可以免此苦也？"友曰："莫如学。学三十年，则可以达矣。"甯越曰："请十五岁。人将休，

---

① 《诗经·大雅·假乐》章之语，原作"不愆不忘，率由旧章"。不愆不忘，不过误，不遗失。率，循。旧章，先王之礼乐政刑。
② 晋平公，名彪，悼公子。
③ 师旷，乐师，名旷，字子野。
④ 炳，明。
⑤ 古人目盲多习乐，师旷亦盲者，故自称盲臣。
⑥ 孰与昧行，言较昏行者何如。
⑦ 中牟，今河南鹤壁市西。鄙人，边鄙之人。

## 说苑

吾不敢休；人将卧，吾不敢卧。"十五岁学而周威公①师之。夫走者之速也，而过二里止；步者之迟也，而百里不止。今以宁越之材，而久不止，其为诸侯师，岂不宜哉！

孔子谓子路曰："汝何好？"子路曰："好长剑。"孔子曰："非此之问也。谓以汝之所能加之以学，岂可及哉！"子路曰："学亦有益乎？"孔子曰："夫人君无谏臣则失政，士无教友②则失听。狂马不释其策③，操弓不返于檠④。木受绳则直，人受谏则圣。受学重问，孰不顺成⑤？毁仁恶士，且近于刑。君子不可以不学！"子路曰："南山有竹，弗揉⑥自直，斩而射之，通于犀革⑦，又何学为乎？"孔子曰："括而羽之⑧，镞而砥砺之⑨，其入不益深

---

① 周考王之时，封弟揭于河南，是为西周桓公。威公，桓公之子。
② 教友，能教戒之朋友；一作"教交"。
③ 谓御狂马不能释鞭策。
④ 檠，qíng，榜，所以正弓，无则弓反仰。
⑤ 谓能降志以学，问于人，孰不顺成其志。
⑥ 揉，矫揉。
⑦ 犀革，犀牛皮所制之甲，最坚。
⑧ 括，箭干。括而羽之，加羽于括。
⑨ 镞，zú，箭镞。砥砺，皆磨刀石，引申为磨治之意。

乎?"子路拜曰:"敬受教哉!"

子路问于孔子曰:"请释古之学①而行由之意,可乎?"孔子曰:"不可。昔者,东夷慕诸夏之义,有女,其夫死,为之内私婿,终身不嫁。不嫁则不嫁矣,然非贞节之义也。苍梧之弟②,娶妻而美好,请与兄易。忠③则忠矣,然非礼也。今子欲释古之学而行子之意,庸知子不用非为是,用是为非乎?不顺④其初,虽欲悔之,难哉!"

齐桓公⑤问管仲曰:"王者何贵?"曰:"贵天。"桓公仰而视天。管仲曰:"所谓天者,非苍苍莽莽之天也,君人者以百姓为天。百姓与之则安,辅之则强,非之则危,背之则亡。《诗》云:'人而无良,相怨一方。'⑥民怨其上,不遂亡者,未之有也。"

---

① 学,一作"道"。
② 苍梧之弟,一作"苍梧娆",又作"苍梧绕"。
③ 忠,一作"让",下同。
④ 顺,通"慎"。
⑤ 齐桓公,名小白,春秋时五霸之首。
⑥ 《诗经·小雅·角弓》章之语,原作"民之无良,相怨一方"。言民之无善心者,相居一处而怨怼之。

说苑

## 立节

楚伐陈,陈西门燔,因使其降民修之。孔子过之,不轼①。子路②曰:"礼,过三人则下车,过二人则轼。今陈修门者人数众矣,夫子何为不轼?"孔子曰:"丘闻之:国亡而不知,不智;知而不争,不忠;忠而不死,不廉。今陈修门者不能行一于此,丘故不为轼也。"

孔子见齐景公③,景公致廪丘以为养④。孔子辞不受,出,谓弟子曰:"吾闻君子当功以受禄,今说景公,景公未之行⑤,而赐我廪丘,其不知丘亦甚矣!"遂辞而行。

曾子⑥衣弊衣以耕,鲁君使人往致邑焉,曰:"请以此修衣!"曾子不受。反,复往,又不受。

---

① 轼,同"式",敬。盖轼为车前横木,男子立乘,有所敬,则俯而凭轼,故以轼为敬名。
② 子路,一作"子贡"。
③ 齐景公,名杵臼。
④ 廪丘,齐地,故城在今山东郓城县。养,一作"饩"。
⑤ "今说"二句,一作"今吾言于齐君,齐君未之有行"。
⑥ 曾子,名参,字子舆,孔子弟子。

使者曰:"先生非求于人,人则献之,奚为不受?"曾子曰:"臣闻之:受人者畏人,予人者骄人。纵君有赐,不我骄也,我能勿畏乎?"终不受。孔子闻之,曰:"参之言足以全其节①也。"

子思②居于卫,缊袍无表③,二旬而九食。田子方④闻之,使人遗狐白之裘⑤,恐其不受,因谓之曰:"吾假人,遂忘之;吾与人也,如弃之。"子思辞而不受。子方曰:"我有子无,何故不受?"子思曰:"伋闻之:妄与不如遗,弃物于沟壑。伋虽贫也,不忍以身为沟壑,是以不敢当也。"

越甲至齐,雍门子狄请死之。齐王曰:"鼓铎⑥之声未闻,矢石未交,长兵未接,子何务死之?为人臣之礼耶?"雍门子狄对曰:"臣闻之:昔者

---

① 不动于利,物莫之骄,而己无所畏,故能全其节。
② 子思,名伋,孔子孙,孔鲤之子。
③ 缊袍,枲麻所制之袍。表,外衣。
④ 田子方,名无择,战国时贤人。
⑤ 狐白之裘,狐腋白毛所集而成。
⑥ 铎,大铃。匡以铜为之。木舌为木铎,文事用;金舌为金铎,武用。此谓金铎,所以通鼓。

田于囿，左毂①鸣，车右②请死之，而王曰：'子何为死？'车右对曰：'为其鸣吾君也。'王曰：'左毂鸣者，工师之罪也，子何事之有焉？'车右曰：'臣不见工师之乘③，而见其鸣吾君也。'遂刎颈而死。知有之乎④？"齐王曰："有之。"雍门子狄曰："今越甲至，其鸣吾君也，岂左毂之下哉？车右可以死左毂，而臣独不可以死越甲也？"遂刎颈而死。是日，越人引甲而退七十里，曰："齐王有臣钧⑤如雍门子狄，拟使越社稷不血食⑥！"遂引甲而归。齐王葬雍门子狄以上卿之礼。

楚人将与吴人战⑦，楚兵寡而吴兵众，楚将军子囊⑧曰："我击此，国必败，辱君亏地，忠臣不忍为也。"不复于君⑨，黜兵而退。至于国郊，使人复

---

① 毂，车轮中心圆木。
② 车右，武士执兵居车之右者。
③ 乘，驾。
④ 知有之乎，犹言"不知有之否"。
⑤ 钧，通"均"。
⑥ 古者取血膋（liáo）以祭，故谓享祭为血食；不血食，谓绝祀。
⑦ 鲁襄公十四年事。
⑧ 子囊，庄王子公子贞。
⑨ 君，康王招。

于君曰："臣请死！"君曰："子大夫之遁也，以为利也。而今诚利，子大夫毋死！"子囊曰："遁者无罪，则后世之为君臣者皆入[①]不利之名而效臣遁，若是，则楚国终为天下弱矣。臣请死！"退而伏剑。君曰："诚如此，请成子大夫之义！"乃为桐棺三寸[②]，加斧质[③]其上，以徇于国。

燕昭王使乐毅伐齐，闵王亡[④]。燕之初入齐也，闻盖邑[⑤]人王歜贤，令于军曰："环盖三十里，毋入！"以歜之故。已而使人谓歜曰："齐人多高子之义，吾以子为将，封子万家。"歜固谢燕人。燕人曰："子不听，吾引三军而屠盖邑！"王歜曰："忠臣不事二君，贞女不更二夫。齐王不听吾谏，故退而耕于野。国既破亡，吾不能存，今又劫之以兵，为君将，是助桀为暴也。与其生而无义，固不

---

① 入，一作"依"。
② 桐棺，桐木所制棺，下材，以示薄葬。三寸，木之厚度。
③ 质，椹（zhēn）。古刑置人椹上，以斧斫之。
④ 闵王，名地，一作"遂"。立四十年而为燕所破，走莒。楚将淖齿以兵救齐，遂杀之。
⑤ 盖，gě；盖邑，齐下邑，汉时属泰山郡。校订者按：在今山东沂源县东南。

如烹!"遂悬其躯于树枝,自奋绝脰①而死。齐亡大夫闻之,曰:"王歜布衣,义犹不背齐向燕,况在位食禄者乎?"乃相聚如莒,求诸公子,立为襄王②。

## 贵德

武王克殷,召太公而问曰:"将奈其士众何?"太公对曰:"臣闻:爱其人者,兼屋上之乌③;憎其人者,恶其余胥④。咸刘⑤厥敌,靡使有余,何如?"王曰:"不可。"太公出,邵公⑥入。王曰:"为之奈何?"邵公对曰:"有罪者杀之,无罪者活之,何如?"王曰:"不可。"邵公出,周公入。王曰:"为之奈何?"周公曰:"使各居其宅,田其田,无

---

① 脰,dòu,颈;绝脰,断颈。
② 襄王,名法章,闵王子。
③ 乌,疑为屋饰,如后世鸱吻之类。校订者按:鸟名,即乌鸦。乌集不祥,为人所憎,而爱人者并爱之。
④ 余胥,一作"储胥",又作"胥余",里落之壁。校订者按:即村落角隅。
⑤ 刘,杀。
⑥ 邵公,名奭,与周同姓。助武王灭纣,封于燕。

变旧新,唯仁是亲,百姓有过,在予一人。"武王曰:"广大乎平天下矣。"凡所以贵士君子者,以其仁而有德也。

季康子①谓子游②曰:"仁者爱人乎?"子游曰:"然。""人亦爱之乎?"子游曰:"然。"康子曰:"郑子产死,郑人丈夫舍玦珮③,妇人舍珠珥④,夫妇巷哭,三月不闻竽⑤瑟之声。仲尼之死,吾不闻鲁国之爱夫子,奚也?"子游曰:"譬子产之与夫子,其犹浸水之与天雨乎!浸水所及则生,不及则死,斯⑥民之生也,必以时雨,既以生,莫爱其赐。故曰:譬子产之与夫子也,犹浸水之与天雨乎!"

楚王问庄辛⑦曰:"君子之行奈何?"庄辛对曰:"居不为垣墙,人莫能毁伤;行不从周卫,人莫能暴害。此君子之行也。"楚王复问:"君子之富

---

① 季康子,鲁大夫,姓季孙,名肥,谥曰康。
② 子游,姓言,名偃,孔子弟子。
③ 玦珮,皆玉佩。玦,jué,为环形,有缺口。
④ 珥,ěr,珠玉之耳饰。
⑤ 竽,笙属。
⑥ 斯,一作"计"。
⑦ 庄辛,战国时楚人。

奈何？"对曰："君子之富，假贷人，不德也，不责也；其食饮人，不使也，不役也。亲戚爱之，众人善之，不肖者事之，皆欲其寿乐而不伤于患。此君子之富也。"楚王曰："善。"

## 复恩

秦穆公①尝出而亡其骏马，自往求之，见人已杀其马，方共食其肉。穆公谓曰："是吾骏马也。"诸人皆惧而起。穆公曰："吾闻食骏马肉不饮酒者杀人。"即以次饮之酒。杀马者皆惭而去。居三年，晋攻秦穆公，围之②。往时食马肉者相谓曰："可以出死报食马得酒之恩矣。"遂溃围，穆公卒得以解难胜晋，获惠公以归③。此德出而福反也。

楚庄王赐群臣酒。日暮，酒酣，灯烛灭，乃有人引美人之衣者。美人援绝其冠缨，告王曰："今者烛灭，有引妾衣者，妾援得其冠缨，持之，趣火

---

① 秦穆公，名任好，春秋时霸主之一。
② 即韩原之战，鲁僖公十五年事。
③ 韩原之战，穆公几为晋获，后反获晋惠公以归，旋仍归之于晋。惠公，名夷吾，文公之弟，先文公反国而立者。

来上,视绝缨者!"王曰:"赐人酒,使醉失礼,奈何欲显妇人之节而辱士乎?"乃命左右曰:"今日与寡人饮,不绝冠缨者不欢!"群臣百有余人,皆绝去其冠缨而上火。卒尽欢而罢。居二年,晋与楚战,有一臣常在前,五合五获首,却敌,卒得胜之。庄王怪而问曰:"寡人德薄,又未尝异子,子何故出死不疑如是?"对曰:"臣当死!往者醉失礼,王隐忍不暴而诛也,臣终不敢以阴蔽之德而不显报王也。常愿肝脑涂地,用颈血湔①敌久矣!臣乃夜绝缨者也。"遂斥晋军,楚得以强。此有阴德者必有阳报也。

鲍叔死,管仲举上衽②而哭之,泣下如雨。从者曰:"非君臣父子也,此亦有说乎?"管仲曰:"非夫子所知也。吾尝与鲍子负贩于南阳③,吾三辱于市,鲍子不以我为怯,知我之欲有所明也;鲍子尝与我有所说王者④,而三不见听,鲍子不以我为不

---

① 湔,jiàn,通"溅",污洒之。
② 古时外袍之内衣,其袖特长,可卷覆于袍袖,是即所谓上衽。
③ 南阳,齐地。今山东邹城市。
④ 王者,一说衍,一说"王"疑"主"之误。

肖，知我之不遇明君也；鲍子尝与我临财分货，吾自取多者三，鲍子不以我为贪，知我之不足于财也。生我者父母，知我者鲍子也！士为知己者死，而况为之哀乎！"

吴赤市①使于智氏，假道于卫。南文子具纻绤②三百制，将以送之。大夫豹曰："吴虽大国也，不坏交假之道，则亦敬矣，又何礼焉？"南文子不听，遂致之。吴赤市至于智氏，既得事③，将归吴，智伯命造舟为梁④。吴赤市曰："吾闻之：天子济于水，造舟为梁，诸侯维舟⑤，大夫方舟⑥。方舟，臣之职也。且敬太甚，必有故！"使人视之，则用兵在后矣，将以袭卫。吴赤市曰："卫假吾道而厚赠我，我见难而不告，是与为谋也。"称疾而留，使人告卫，卫人警戒。智伯闻之，乃止。

魏文侯与田子方语，有两僮子衣青白衣而侍于

---

① 市，即"巿"字。
② 纻，zhù，麻属所织之布。绤，chī，细葛布。
③ 既得事，言使事既毕。
④ 梁，桥。
⑤ 维舟，以舟连结之。
⑥ 方舟，二舟相并。

君前。子方曰："此君之宠子①乎？"文侯曰："非也，其父死于战，此其幼孤也，寡人收之。"子方曰："臣以君之贼心为足矣，今滋甚！君之宠此子也，又且以谁之父杀之乎②？"文侯愍然曰："寡人受令③矣！"自是以后，兵革不用。

吴起④为魏将，攻中山。军人有病疽者，吴子自吮其脓，其母泣之。旁人曰："将军于而⑤子如是，尚何为泣？"对曰："吴子吮此子父之创，而杀⑥之于泾水⑦之战，战不旋踵而死。今又吮之，安知是子何战而死⑧！是以哭之矣。"

---

① 宠子，所宠爱之僮子。
② 贼心为足，害人之心为己足。今滋甚，言今乃益甚。君宠此子，又且以谁之父杀之，谓君宠此子，又将杀谁之父。田子方以文侯宠待战死者之后，欲使他人之生者益生感激之心，致死作战，故为此言以折之。
③ 令，一作"命"。
④ 吴起，战国时卫人，善用兵，先事魏，后事楚。
⑤ 而，汝。
⑥ 杀，致之死。
⑦ 泾水，水名。校订者按：发源于宁夏，经甘肃、陕西流入渭河。
⑧ 安知是子何战而死，安知是子不亦心感将军，将以何战舍命酬恩。

说苑

## 政理

公叔文子为楚令尹①,三年,民无敢入朝。公叔子见曰:"严矣!"文子曰:"朝廷之严也,宁云妨国家之治哉?"公叔子曰:"严则下喑②,下喑则上聋,聋喑不能相通,何国之治也?盖闻之也:顺针缕者成帷幕,合升斗者实仓廪,并小流而成江海。明主者,有所受命而不行,未尝有所不受也。"

卫灵公③问于史䲡④曰:"政孰为务⑤?"对曰:"大理⑥为务。听狱不中,死者不可生也,断者不可属⑦也。故曰大理为务。"少焉,子路见公,公以史䲡言告之。子路曰:"司马⑧为务。两国有难,两军相当,司马执枹⑨以行之,一斗不当,死者数万,

---

① 令尹,春秋时楚执政者之官。
② 喑,yīn,口不能言。
③ 卫灵公,名元。
④ 史䲡,卫大夫,字子鱼,以直谏名。
⑤ 务,注重之意。
⑥ 大理,掌刑法之官。
⑦ 属,连也,续。
⑧ 司马,掌军旅之官。
⑨ 枹,fú,击鼓杖。

以杀人为非也。此其为杀人亦众矣,故曰司马为务。"少焉,子贡入见,公以二子言告之。子贡曰:"不识哉!昔禹与有扈氏战①,三陈而不服,禹于是修教一年,而有扈氏请服。故曰:去民之所事,奚狱之所听;兵革之不陈,奚鼓之所鸣。故曰教为务也。"

齐桓公出猎,逐鹿而走,入山谷之中,见一老公②,而问之曰:"是为何谷?"对曰:"为愚公之谷。"桓公曰:"何故?"对曰:"以臣名之。"桓公曰:"今视公之仪状,非愚人也,何为以公名之?"对曰:"臣请陈之:臣故畜牸牛③,生子而大,卖之而买驹,少年曰:'牛不能生马。'遂持驹去。傍邻闻之,以臣为愚,故名此谷为愚公之谷。"桓公曰:"公诚愚矣!夫何为而与之?"桓公遂归。明日,朝,以告管仲。管仲正衿再拜曰:"此夷吾之过也。使尧在上,咎繇为理④,安有取人之驹者乎!若有见

---

① 有扈,古国名,今陕西西安市鄠邑区。
② 公,一作"父"。
③ 牸,zì;牸牛,牝牛。
④ 咎繇,即皋陶,舜士官,明五刑,弼五教。理,刑法之官。

暴如是叟者，又必不与也；公知狱讼之不正，故与之耳。请退而修政！"孔子曰："弟子记之！桓公，霸君也。管仲，贤佐也。犹有以智为愚者也，况不及桓公、管仲者也！"

鲁哀公①问政于孔子，孔子对曰："政在使民富且寿。"哀公曰："何谓也？"孔子曰："薄赋敛则民富，无事则远罪，远罪则民寿。"公曰："若是，则寡人贫矣。"孔子曰："《诗》云：'恺悌君子，民之父母。'②未见其子富而父母贫者也。"

文王问于吕望③曰，"为天下若何？"对曰："王国富民，霸国富士，仅存之国富大夫，亡国富仓府④，是谓上溢而下漏。"文王曰："善，宿善不祥。"是日也，发其仓府以赈鳏寡孤独⑤。

---

① 鲁哀公，名蒋。
② 《诗经·大雅·泂酌》章语。恺，kǎi；悌，tì。恺悌，乐易。
③ 吕望，即太公姜尚。封于吕，故亦以吕称其姓。年老始遇文王，文王大悦之，曰："吾太公望子久矣！"因号曰太公望，而名为吕望。
④ 仓府，藏财谷之所。
⑤ 赈，救济。老而无妻曰鳏，老而无夫曰寡，幼而无父曰孤，老而无子曰独。

武王问于太公曰:"治国之道若何?"太公对曰:"治国之道,爱民而已。"曰:"爱民若何?"曰:"利之勿害,成之勿败,生之勿杀,与之勿夺,乐之勿苦,喜之勿怒,此治国之道,使民之谊也,爱之而已矣。民失其所务,则害之也;农失其时,则败之也;有罪者重其罚,则杀之也;重赋敛者,则夺之也;多徭役①以罢民力,则苦之也;劳而扰之,则怒之也。故善为国者,遇民如父母之爱子、兄之爱弟,闻其饥寒为之哀,见其劳苦为之悲。"

武王问于太公曰:"为国而数更法令者,何也?"太公曰:"为国而数更法令者,不法法②,以其所善为法者也,故令出而乱,乱则更为法,是以其法令数更也。"

公仪休③相鲁。鲁君④死,左右请闭门⑤。公仪休

---

① 民以其力服役于公,谓之徭役,即所谓力役之征。
② 不法法,不以所立之法为法。
③ 公仪休,姓公仪,名休,战国时鲁之贤相。
④ 鲁君,穆公显。
⑤ 左右请闭门,惧君死而有乱。

曰:"止!池渊①吾不税,蒙山②吾不赋,苟令吾不布,吾已闭心③矣,何闭于门哉!"

魏文侯使西门豹④往治于邺⑤,告之曰:"必全功成名布义!"豹曰:"敢问全功成名布义,为之奈何?"文侯曰:"子往矣!是无邑不有贤豪辩博者也,无邑不有好扬人之恶、蔽人之善者也。往必问豪贤者,因而亲之;其辩博者,因而师之;问其好扬人之恶、蔽人之善者,因而察之;不可以特闻从事⑥。夫耳闻之不如目见之,目见之不如足践之,足践之不如手辨之。人始入官,如入晦室,久而愈明,明乃治,治乃行。"

孔子谓宓子贱⑦曰:"子治单父⑧而众说,语丘⑨

---

① 池渊,一说,疑作"虵渊","虵"即俗"蛇"字,囿名,《春秋》鲁定公十三年经云:"筑蛇渊囿。"
② 蒙山,鲁山名,在今山东费县西北。
③ 闭心,谓绝为恶之心,不虑其乱。
④ 西门豹,战国时魏之名吏。
⑤ 邺,魏地,在今河北临漳县境。
⑥ 特闻从事,谓有闻即行,不细察。
⑦ 宓,fú,姓;宓子贱,名不齐,孔子弟子,后世追封为单父侯。
⑧ 单,shàn;单父,古地名,故城在今山东单县南。
⑨ 丘,孔子名。

所以为之者！"曰："不齐父其父，子其子，恤诸孤而哀丧纪①。"孔子曰："善，小节也，小民附矣，犹未足也。"曰："不齐所父事者三人，所兄事者五人，所友者十一人。"孔子曰："父事三人，可以教孝矣；兄事五人，可以教弟矣；友十一人，可以教学②矣。中节也，中民附矣，犹未足也。"曰："此地民有贤于不齐者五人，不齐事之，皆教不齐所以治之术。"孔子曰："欲其大者乃于此在矣！昔者尧、舜清微③其身，以听观天下，务来贤人④。夫贤者，百福之宗也，而神明之主也。惜乎！不齐之所治者小也。不齐所治者大，其与尧、舜继矣⑤！"

宓子贱为单父宰，过于阳书⑥，曰："子亦有以送仆乎？"阳书曰："吾少也贱，不知治民之术，有钓道二焉，请以送子！"子贱曰："钓道奈何？"

---

① 丧纪，丧事。
② 友所以辅仁，上行而下效，故曰教学。一作"举善"。
③ 清，视清明。微，自视卑小之意。
④ 本句一作"务求贤以自辅"。
⑤ 一本无"与"字。
⑥ 阳书，一作"阳昼"。——校订者注

阳书曰:"夫投纶错饵①,迎而吸之者,阳桥②也,其为鱼也,薄而不美;若存若亡,若食若不食者,鲂也,其为鱼也,博而厚味。"宓子贱曰:"善。"于是未至单父,冠盖迎之者交接于道,子贱曰:"车驱之!车驱之!夫阳书之所谓阳桥者至矣。"于是至单父,请其耆老尊贤者,而与之共治单父。

孔子弟子③有孔蔑者,与宓子贱皆仕。孔子往过孔蔑,问之曰:"自子之仕者,何得何亡?"孔蔑曰:"自吾仕者,未有所得,而有所亡者三,曰:王事若袭④,学焉得习,以是学不得明也,所亡者一也;奉禄少,饘䬩⑤不足及亲戚,亲戚益疏矣,所亡者二也;公事多急,不得吊死视病,是以朋友益疏矣,所亡者三也。"孔子不说,而复往见子贱,曰:"自子之仕,何得何亡?"子贱曰:"自吾之仕,未有所亡,而所得者三:始诵之文,今履而

---

① 纶,lún,钓丝。错,cù,施布。饵,鱼食。
② 阳桥,一作"阳鳞(qiáo)",又作"阳乔",鱼名,即白鲦(tiáo)鱼。
③ 弟子,一作"兄子"。
④ 袭,前后相因,言其忙迫。
⑤ 饘䬩,即"饘粥"之古字。校订者按:饘粥,稠粥。

行之，是学日益明也，所得者一也；奉禄虽少，饘饘得及亲戚，是以亲戚益亲也，所得者二也；公事虽急，亦勤吊死视病，是以朋友益亲也，所得者三也。"孔子谓子贱曰："君子哉若人！君子哉若人！鲁无君子也，斯焉取斯①！"

子路治蒲，见于孔子曰："由愿受教！"孔子曰："蒲多壮士，又难治也。然吾语汝：恭以敬，可以摄②勇；宽以正，可以容众；恭以洁，可以亲上。"

子贡为信阳③令，辞孔子而行。孔子曰："力之顺之④，因天之时，无夺无伐，无暴无盗。"子贡曰："赐少而事君子，君子固有盗者耶？"孔子曰："夫以不肖代贤⑤，是谓夺也；以贤代不肖⑥，是谓伐也；缓其令，急其诛，是谓暴也；取人善以自为己，是

---

① 若人，犹言是人。也，一作"者"。斯焉取斯，谓鲁如无君子，子贱安能学得此君子之榜样。
② 摄，通"慑"。
③ 信阳，春秋楚地，在今河南信阳市。
④ 力，勤力。顺，通"慎"。
⑤ 以不肖代贤，一作"以贤代贤"。校订者按：代，一说作"伐"。
⑥ 以贤代不肖，一作"以不肖代贤"。

谓盗也。君子之盗,岂必当财币乎?吾闻之曰:知为吏者,奉法①利民;不知为吏者,枉法以侵民。此皆怨之所由生也②。"

杨朱③见梁王,言治天下如运诸掌然。梁王曰:"先生有一妻一妾不能治,三亩之园不能芸④,言治天下如运诸掌,何以?"杨朱曰:"诚有之。君不见夫牧羊乎?百羊而群,使五尺童子荷杖而随之,欲东而东,欲西而西。君且使尧牵一羊,舜荷杖而随之,则乱之始也。臣闻之:夫吞舟之鱼不游渊⑤,鸿鹄高飞,不就污池,何则?其志极远也。黄钟大吕⑥,不可从繁奏之舞,何则?其音疏也。将治大者不治小,成大功者不小苛⑦,此之谓也。"

---

① "法"下一本有"以"字。
② "皆"字、"生"字一本无。
③ 杨朱,字子居,魏人,战国时思想家、哲学家。其学"为我",言古人损一毫利天下,不与,悉天下奉一人,不取,人人不损一毫,人人不利天下,则治。孟子斥为异端,辞而辟之。
④ 芸,去草,谓治。
⑤ 渊,曲水,言其小。
⑥ 黄钟大吕,皆音律名。
⑦ 小苛,苛求于小处。

景差①相郑。郑人有冬涉水者,出而胫寒,后景差过之,下陪乘②而载之,覆以上衽。晋叔向③闻之曰:"景子为人国相,岂不固④哉?吾闻良吏居⑤之,三月而沟渠⑥修,十月而津梁⑦成,六畜⑧且不濡足,而况人乎?"

晋文公时,翟⑨人有献封狐文豹⑩之皮者,文公喟然叹曰:"封狐文豹何罪哉!以其皮为罪也。"大夫栾枝⑪曰:"地广而不平,财聚而不散,独非狐豹之罪乎?"文公曰:"善哉!说之。"栾枝曰:"地广而不平,人将平之;财聚而不散,人将争之。"于是列⑫地以分民,散财以赈贫。

---

① 战国时有一景差,楚人。此景差当别为一人,或竟假其名耳。
② 下,使之下。陪乘,与尊者同乘之人。校订者按:即骖乘,车上侍卫。
③ 叔向,晋贤大夫,羊舌氏,名肸。
④ 固,专滞之意。
⑤ 居,一作"君"。
⑥ 渠,水所居。
⑦ 津,济渡处;津梁,立桥川上,以便行人之往来。
⑧ 六畜,马、牛、羊、鸡、犬、豕。
⑨ 翟,同"狄"。
⑩ 封,一作"蓬";封狐,大狐。文豹,豹皮斑烂有文采,故称。
⑪ 栾枝,晋大夫,谥贞子。
⑫ 列,同"裂"。

延陵季子①游于晋，入其境，曰："嘻！暴哉国乎！"入其都，曰："嘻！力屈哉国乎！"立其朝，曰："嘻！乱哉国乎！"从者曰："夫子之入晋境，未久也，何其名之不疑也？"延陵季子曰："然。吾入其境，田亩荒秽而不茠②，杂增③崇高，吾是以知其国之暴也；吾入其都，新室恶而故室美，新墙卑而故墙高，吾是以知其民力之屈也；吾立其朝，君能视而不下问，其臣善伐而不上谏，吾是以知其国之乱也。"

## 尊贤

齐桓公设庭燎④，为士之欲造见者，期年而士不至。于是东野鄙人有以九九⑤之术见者。桓公曰："九九足以见乎？"鄙人对曰："臣非以九九为足以

---

① 延陵季子，吴王寿梦之少子，名札，封于延陵，故称；延陵，今江苏常州市武进区。
② 茠，hāo，同"薅"，除草。
③ 增，一作"橧"，北地高楼无屋者。校订者按：当为"稆"。稆，lǚ，谷物等不种自生者。
④ 庭燎，燃薪火于门内以照众。
⑤ 九九，算法名。

见也。臣闻主君设庭燎以待士,期年而士不至;夫士之所以不至者,以君天下贤君也,四方之士,皆自以不及君,故不至也。夫九九,薄能耳,而君犹礼之,况贤于九九者乎?夫太山不辞壤石,江海不逆①小流,所以成大也。《诗》云:'先民有言,询于刍荛。'②言博谋也。"桓公曰:"善。"乃因礼之。期月,四方之士相携而并至矣。《诗》曰:"自堂徂基,自羊徂牛。"③言以内及外,以小及大也。

孔子闲居,喟然而叹曰:"铜鞮伯华④而无死,天下其有定矣!"子路曰:"愿闻其为人也何若?"孔子曰:"其幼也,敏而好学;其壮也,有勇而不屈;其老也,有道而能以下人。"子路曰:"其幼也,敏而好学,则可;其壮也,有勇而不屈,则可。夫有道又谁下哉?"孔子曰:"由不知也!吾闻之:以众攻寡,而无不消也;以贵下贱,无不得

---

① 不逆,顺受之。
② 《诗经·大雅·板》章语。先民,古之贤人。荛,ráo;刍荛,采薪者。
③ 《诗经·周颂·丝衣》章语。基,门塾之基。
④ 铜鞮伯华,晋大夫羊舌赤。铜鞮,晋地,今山西沁县西南有铜鞮故城,为赤封邑,伯华其字,故世号为铜鞮伯华。

也。昔者周公旦制天下之政，而下士七十人，岂无道哉？欲得士之故也。夫有道而能下于天下之士，君子乎哉！"

齐将军田聩出将，张生郊送曰："昔者尧让许由以天下，洗耳而不受①，将军知之乎？"曰："唯，然，知之。""伯夷、叔齐辞诸侯之位而不为②，将军知之乎？"曰："唯，然，知之。""於陵仲子③辞三公之位而佣，为人灌园，将军知之乎？"曰："唯，然，知之。""智过去君弟，变姓名，免为庶人④，将军知之乎？"曰："唯，然，知之。""孙叔敖三去相而不悔⑤，将军知之乎？"曰："唯，然，知之。""此五大夫者，名辞之而实羞之。今将军方吞一国之权，提鼓拥旗，被坚执锐，旋回十万之师，

---

① 许由，字武仲，古隐者。尧以天下让之，由不欲闻，而洗耳于颍水之滨。
② 伯夷、叔齐，孤竹君之二子。父将殁，遗命立叔齐，父卒，二人交让，皆不立而逃去，国人立其中子。
③ 於陵仲子，即陈仲子，以其居於陵，故称，名子终，为齐廉士。校订者按：於陵，今山东邹平市。
④ 智过，晋大夫智氏之族。智瑶立，过知智氏将亡，遂别族于太史为辅氏。过，一作"果"。
⑤ 孙叔敖，春秋时楚之名相。三进三退，无喜无悔。

擅斧钺之诛，慎毋以士之所羞者骄士！"田赞曰："今日诸君皆为赞祖道，具酒脯，而先生独教之以圣人之大道，谨闻命矣！"

魏文侯见段干木①，立倦而不敢息；及见翟璜②，踞堂而与之言。翟璜不说。文侯曰："段干木，官之则不肯，禄之则不受；今汝欲官则相至，欲禄则上卿，既受吾赏③，又责吾礼，毋乃难乎？"

鲁人攻鄪④，曾子辞于鄪君曰："请出，寇罢而后复来，请姑毋使狗豕入吾舍！"鄪君曰："寡人之于先生也，人无不闻。今鲁人攻我，而先生去我，我胡守先生之舍？"鲁人果攻鄪而数之罪十，而曾子之所争者九。鲁师罢，鄪君复修曾子舍而后迎之。

杨因⑤见赵简主曰："臣居乡三逐，事君五去，闻君好士，故走来见。"简主闻之，绝⑥食而叹，

---

① 段干木，姓段干，名木，战国时魏人，守道不仕。
② 翟璜，与段干木同时，亦魏人，仕于魏文侯。
③ 赏，一作"实"。——校订者注
④ 鄪，bì，通作"费"，鲁邑，今山东费县。
⑤ 因，一作"回"。
⑥ 绝，亦作"缀"，缀，犹止。——校订者注

跽①而行。左右进谏曰:"居乡三逐,是不容众也;事君五去,是不忠上也。今君有士,见过八矣②。"简主曰:"子不知也!夫美女者,丑妇之仇也;盛德君子,乱世所疏也;正直之行,邪枉所憎也。"遂出见之,因授以为相,而国大治。由是观之,远近之人,不可以不察也。

应侯③与贾于④子坐,闻其鼓琴之声,应侯曰:"今日之琴,一何悲也?"贾于子曰:"夫张急调下,故使人悲耳。张急者,良材也;调下者,官卑也。取夫良材而卑官之,安能无悲乎!"应侯曰:"善哉!"

子路问于孔子曰:"治国何如?"孔子曰:"在于尊贤而贱不肖。"子路曰:"范、中行氏尊贤而贱不肖,其亡何也⑤?"曰:"范、中行氏尊贤而不

---

① 跽,jì,跪。
② 所见过之八士,不详。
③ 应侯,范雎,相秦,封应侯。
④ 于,一作"午"。
⑤ 范氏、中行氏,皆晋大夫。范氏本姓士,以士会食采于范,其子孙遂为范氏。中行氏本姓荀,以晋作三行御狄,荀林父将中行,后遂以为氏。范氏、中行氏于鲁定公十三年叛晋而亡。范氏之亡大夫名吉射,中行氏之亡大夫名寅。

能用也，贱不肖而不能去也；贤者知其不己用而怨之，不肖者知其贱己而仇之。贤者怨之，不肖者仇之，怨仇并前，中行氏虽欲无亡，得乎？"

## 正谏

吴王欲伐荆，告其左右曰："敢有谏者死！"舍人①有少孺子者，欲谏不敢，则怀丸操弹，游于后园，露沾其衣，如是者三旦。吴王曰："子来！何苦②沾衣如此？"对曰："园中有树，其上有蝉。蝉高居悲鸣饮露，不知螳螂在其后也；螳螂委身曲跗③欲取蝉，而不知黄雀在其傍也；黄雀延颈欲啄螳螂，而不知弹丸在其下也。此三者，皆务欲得其前利，而不顾其后之有患也。"吴王曰："善哉！"乃罢其兵。

楚庄王伐阳夏④，师久而不罢，群臣欲谏而莫

---

① 舍人，官名，掌宫政，盖近侍之官。
② 苦，一作"露"。
③ 跗，fū，足背。校订者按：一作"附"。
④ 阳夏，今河南太康县。

敢。庄王猎于云梦①，椒举②进谏曰："王所以多得兽者，马也，而王国亡③，王之马岂可得哉？"庄王曰："善。不谷④知诎⑤强国之可以长诸侯也，知得地之可以为富也，而忘吾民之不用也！"明日饮诸大夫酒，以椒举为上客，罢阳夏之师。

赵简子举兵而攻齐，令军中有敢谏者罪至死。被甲之士名曰公卢，望见简子大笑，简子曰："子何笑？"对曰："臣乃有宿笑⑥。"简子曰："有以解之则可，无以解之则死！"对曰："当桑之时，臣邻家夫与妻俱之田，见桑中女，因往追之，不能得，还反，其妻怒而去之。臣笑其旷⑦也。"简子曰："今吾伐国失国，是吾旷也。"于是罢师而归。

---

① 云梦，泽名。本二泽，云在江北，梦在江南；后悉为邑居聚落，因并称云梦。
② 椒举，楚大夫。姓伍，名举，邑于椒，故曰椒举。
③ 而王国亡，一作"王之国亡"。
④ 不谷，古代王侯自称。
⑤ 诎，通"屈"，使屈服。
⑥ 宿笑，宿素可笑之事；宿，一作"夙"。
⑦ 旷，谓其无妻。

## 敬慎

孔子观于周庙,而有欹器①焉。孔子问守庙者曰:"此为何器?"对曰:"盖为右坐②之器。"孔子曰:"吾闻右坐之器,满则覆,虚则欹,中则正。有之乎?"对曰:"然。"孔子使子路取水而试之,满则覆,中则正,虚则欹。孔子喟然叹曰:"呜呼!恶有满而不覆者哉!"子路曰:"敢问持满有道乎?"孔子曰:"持满之道,挹而损之。"子路曰:"损之有道乎?"孔子曰:"高而能下,满而能虚,富而能俭,贵而能卑,智而能愚,勇而能怯,辩而能讷,博而能浅,明而能暗,是谓损而不极。能行此道,唯至德者及之。"《易》曰:"不损而益之,故损;自损而终,故益。"③

常枞④有疾,老子⑤往问焉,曰:"先生疾甚矣,

---

① 欹,qī,倾侧;欹器,倾侧之器。校订者按:意为倾斜易覆之器。
② 右坐,言可置坐右以为戒;右,一作"宥",义同,或曰:宥与"侑"同,劝。
③ 损、益,《周易》二卦名,损先而益后。
④ 枞,chuāng。一作"枞"。
⑤ 老子,姓李,名耳,字伯阳,外字聃,故亦称老聃。相传母怀之八十一岁而生,故号为老子。为周守藏史,见周衰,出函关隐去。

无遗教可以语诸弟子者乎？"常枞曰："子虽不问，吾将语子。"常枞曰："过故乡而下车，子知之乎？"老子曰："过故乡而下车，非谓其不忘故耶？"常枞曰："嘻！是已。"常枞曰："过乔木而趋，子知之乎？"老子曰："过乔木而趋，非谓其敬老耶？"常枞曰："嘻！是已。"张其口而示老子曰："吾舌存乎？"老子曰："然。""吾齿存乎？"老子曰："亡。"常枞曰："子知之乎？"老子曰："夫舌之存也，岂非以其柔耶？齿之亡也，岂非以其刚耶？"常枞曰："嘻！是已。天下之事已尽矣，无以复语子哉！"

韩平子①问于叔向曰："刚与柔孰坚？"对曰："臣年八十矣，齿再堕而舌尚存。老聃有言曰：'天下之至柔，驰骋乎天下之至坚。'又曰：'人之生也柔弱，其死也刚强；万物草木之生也柔脆，其死也枯槁。因此观之：柔弱者，生之徒也；刚强者，死之徒也。'夫生者毁而必复，死者破而愈亡，吾是以知柔之坚于刚也。"平子曰："善哉！然则子之

---

① 韩平子，名颀，平，其谥，晋大夫，厥之孙，起之子，一作"贞子"。

行何从?"叔向曰:"臣亦柔耳,何以刚为?"平子曰:"柔无乃脆乎?"叔向曰:"柔者纽①而不折,廉②而不缺,何为脆也?天之道,微者胜。是以两军相加,而柔者克之;两仇争利,而弱者得焉。《易》曰:'天道亏满而益谦,地道变满而流谦,鬼神害满而福谦,人道恶满而好谦。'③夫怀谦不足之柔弱,而四道者助之,则安往而不得其志乎?"平子曰:"善。"

曾子有疾,曾元抱首④,曾华抱足⑤。曾子曰:"吾无颜氏之才⑥,何以告汝?虽无能,君子务益⑦。夫华多实少者,天也;言多行少者,人也。夫飞鸟以山为卑,而层巢其巅;鱼鳖以渊为浅,而穿

---

① 纽,拗结之意。
② 廉,侧居之义。
③ 《周易·谦卦》之辞。满,本皆作"盈",避汉惠帝讳(惠帝名盈),作"满"。
④ 曾元,曾子之子。抱,一作"抑";抑,按。
⑤ 曾华,亦曾子之子。抱,持。
⑥ 颜氏,颜回,字子渊,为孔门高足弟子。
⑦ 虽无能,君子务益,句似讹,他书引此事,本句作"然而君子之务,盖有之矣"。

穴其中。然所以得①者，饵也。君子苟能无以利害身②，则辱安从至乎！官怠于宦成，病加于少愈，祸生于懈惰，孝衰于妻子。察此四者，慎终如始。《诗》曰：'靡不有初，鲜克有终。'③"

孙叔敖④为楚令尹，一国吏民皆来贺。有一老父，衣粗衣，冠白冠，后来吊。孙叔敖正衣冠而出见之，谓老父曰："楚王不知臣不肖，使臣受吏民之垢⑤，人尽来贺，子独后来吊，岂有说乎？"父曰："有说：身已贵而骄人者，民去之；位已高而擅权者，君恶之；禄已厚而不知足者，患处之。"孙叔敖再拜曰："敬受命！愿闻余教！"父曰："位已高而意益下，官益大而心益小，禄已厚而慎不敢取，君谨守此三者，足以治楚矣。"

魏公子牟东行，穰侯⑥送之，曰："先生将去

---

① 所以得，所以为人所得。
② 身，一作"义"。
③ 《诗经·大雅·荡》章语。
④ 孙叔敖，楚人，为楚名相。
⑤ 垢，同"诟"。言己不肖，政事之设施当为吏民所诟责，乃谦辞。
⑥ 穰，rǎng；穰侯，秦昭王母之异父弟，姓魏，名冉，屡登相位，封于穰，故号曰穰侯。

冉之山东①矣,独无一言以教冉乎?"魏公子牟曰:"微②君言之,牟几忘语君。君知夫官不与势期而势自至乎?势不与富期而富自至乎?富不与贵期而贵自至乎?贵不与骄期而骄自至乎?骄不与罪期而罪自至乎?罪不与死期而死自至乎?"穰侯曰:"善。敬受明教!"

齐桓公为大臣具酒,期以日中。管仲后至,桓公举觞以饮之,管仲半弃酒。桓公曰:"期而后至,饮而弃酒,于礼可乎?"管仲对曰:"臣闻酒入舌出,舌出者言失,言失者身弃。臣计弃身不如弃酒③。"桓公笑曰:"仲父④起就坐!"

孔子之周,观于太庙。右陛⑤之前,有金人⑥焉。三缄其口而铭其背曰:"古之慎言人也。戒之哉!戒之哉!无多言,多言多败;无多事,多事多

---

① 战国时,燕、赵、韩、魏、齐、楚六国,称山东诸侯,以其在崤、函以东,一说谓太行山以东。
② 微,无。
③ 管仲之意,在戒公饮酒,约饮后期,小事不足道。
④ 桓公以管仲为相,尊之曰父,故称仲父。
⑤ 陛,阶。
⑥ 金人,金属所铸之人。

患。安乐必戒,无行所悔①。勿谓何伤,其祸将长;勿谓何害,其祸将大;勿谓何残,其祸将然;勿谓莫闻,天妖伺人。荧荧不灭,炎炎奈何;涓涓不壅,将成江河;绵绵不绝,将成网罗;青青不伐,将寻斧柯②。诚不能慎之,祸之根也③。曰:'是何伤④?'祸之门也。强梁者不得其死⑤,好胜者必遇其敌。盗怨主人⑥,民害其贵⑦。君子知天下之不可盖也,故后之下之⑧。使人慕之,执雌持下,莫能与之争者⑨。人皆趋彼,我独守此;众人惑惑,我独不徙;内藏我知,不与人论技;我虽尊高,人莫我害⑩。夫江河长百川⑪者,以其卑下也。天道无亲,

---

① 无行所悔,言行事有所悔者,后当引以为戒,不可复行。
② "荧荧"八句,皆言小不能慎,将成大患。
③ "诚不"二句,一无"不"字,"祸"则为"福"。
④ 曰,一作"口",言若以口为无害。
⑤ 语见《老子》。强梁,强横之意。
⑥ 盗恐被盗之主有言,而不利于己,故常怨之。
⑦ 贵者必有以教民,而民不能尽从,故以为害。
⑧ 盖,掩盖之意。"君子"二句,一作"君子知天下之不可上也,故下之;知众人之不可先也,故后之"。
⑨ "使人"三句,一作"温恭慎德,使人慕之;执雌持下,人莫逾之"。雌,退藏之意。
⑩ 不与人论技,一作"不示人技"。"此""徙""技""害"叶韵。
⑪ 川,一作"谷"。

常与善人。戒之哉!戒之哉!"孔子顾谓弟子曰:"记之!此言虽鄙,而中事情。《诗》曰:'战战兢兢,如临深渊,如履薄冰。'①行身如此,岂以口遇祸哉!"

孔子行游,中路闻哭者声,其音甚悲。孔子曰:"驱之!驱之!前有异人音。"少进,见之,丘吾子②也,拥镰带索而哭。孔子辟③车而下,问曰:"夫子非有丧也,何哭之悲也?"丘吾子对曰:"吾有三失。"孔子曰:"愿闻三失。"丘吾子曰:"吾少好学问,周遍天下,还后,吾亲亡,是一失也;事君奢骄,谏不遂,是二失也;厚交友而后绝,是三失也。树欲静乎风不定,子欲养乎亲不待。往而不来者,年也;不可得再见者,亲也。请从此辞!"则自刎而死。孔子曰:"弟子记之!此足以为戒也。"于是弟子归养亲者十三人④。

---

① 《诗经·小雅·小旻》章语。战战,恐。兢兢,戒。
② 丘吾子,一作"吾丘子",一说"吾丘子"作"虞丘子";又作"皋鱼"。
③ 辟,bì;辟车,离开车子。
④ 十三人,一作"十有三"。

说苑

孔子见罗者,其所得者,皆黄口①也。孔子曰:"黄口尽得,大爵②独不得,何也?"罗者对曰:"黄口从大爵者,不得;大爵从黄口者,可得③。"孔子顾谓弟子曰:"君子慎所从,不得其人,则有罗网之患。"

颜回将西游,问于孔子曰:"何以为身?"孔子曰:"恭、敬、忠、信,可以为身。恭则免于众,敬则人爱之,忠则人与之,信则人恃之。人所爱、人所与、人所恃,必免于患矣,可以临国家,何况于身乎!故不比数而比疏④,不亦远乎?不修中而修外,不亦反乎?不先虑事,临难乃谋,不亦晚乎?"

成回学于子路三年,回恭敬不已。子路问其故何也。回对曰:"臣闻之:行者比于鸟,上畏鹰鹯⑤,下畏网罗。夫人为善者少,为逸者多,若身不

---

① 黄口,雀子。校订者按:小鸟嘴黄,故称。
② 爵,通"雀"。
③ 大爵善惊,黄口贪食。不得,谓不得黄口;可得,谓大爵可得。
④ 比,近;数,shuò,亲密;不比数而比疏,谓舍其切近于身者,而亲疏远者。
⑤ 鹯,zhān,一种猛兽。——校订者注

死,安知祸罪不施?行年七十,常恐行节之亏,回是以恭敬待大命①。"子路稽首曰:"君子哉!"

## 善说

齐宣王②出猎于社山,社山父老十三人相与劳王。王曰:"父老苦矣!"谓左右:"赐父老田不租!"父老皆拜,闾丘先生独不拜。王曰:"父老以为少耶?"谓左右:"复赐父老无徭役!"父老皆拜,闾丘先生又不拜。王曰:"拜者去,不拜者前!"曰:"寡人今日来观,父老幸而劳之,故赐父老田不租。父老皆拜,先生独不拜,寡人自以为少,故赐父老无徭役。父老皆拜,先生又独不拜,寡人得无有过乎?"闾丘先生对曰:"惟闻大王来游,所以为劳大王:望得寿于大王,望得富于大王,望得贵于大王!"王曰:"夫杀生有时,非寡人所得与也,无以寿先生;仓廪虽实,以备灾害,无以富先生;大官无缺,小官卑贱,无以贵先生。"

---

① 大命,年寿之限度。校订者按:一作"天命"。
② 齐宣王,名辟疆。

闾丘先生对曰:"此非人臣所敢望也。愿大王选良富家子有修行者以为吏,平其法度,如此,臣少可以得寿焉;春秋冬夏,振之以时,无烦扰百姓,如是,臣可少得以富焉;愿大王出令,令少者敬长,长者敬老,如是,臣可少得以贵焉。今大王幸赐臣田不租,然则仓廪将虚也;赐臣无徭役,然则官府无使焉。此固非人臣之所敢望也。"齐王曰:"善。愿请先生为相!"

晋献公①之时,东郭民有祖朝者,上书献公曰:"草茅臣东郭氏祖朝,愿请闻国家之计!"献公使使出告之曰:"肉食者已虑之矣,藿食者尚何与焉②?"祖朝对曰:"大王独不闻古之将曰桓司马者,朝朝其君,举③而晏。御④呼车,骖⑤亦呼车,御肘其骖曰:'子何越云为乎?何为藉⑥呼车?'骖谓其御曰:'当呼者呼,乃吾事也;子当御,正子

---

① 晋献公,名诡诸,文公父。
② 肉食者,指大臣。藿食者,指平民。
③ 举,起出。
④ 御,驾车马者。
⑤ 骖,指骖乘,车右陪乘者。
⑥ 藉,jiè,助。

之辔衔①耳。子今不正辔衔，使马卒然惊，妄轹②道中行人，必逢大敌，下车免剑，涉血履肝者，固吾事也，子宁能辟子之辔，下佐我乎？其祸亦及吾身，与有深忧，吾安得无呼车哉！'今大王曰'食肉者已虑之矣，藿食者尚何与焉。'设使食肉者一旦失计于庙堂之上，若臣等之藿食者，宁得无肝胆涂地于中原之野与？其祸亦及臣之身，臣与有其忧深，臣安得无与国家之计乎？"献公召而见之，三日，与语，无复者，乃立以为师。

客谓梁王曰："惠子③之言事也善譬，王使无譬，则不能言矣。"王曰："诺。"明日见，谓惠子曰："愿先生言事则直言耳，无譬也！"惠子曰："今有人于此而不知弹者，曰：'弹之状何若？'应曰：'弹之状如弹。'则谕乎？"王曰："未谕也。""于是，更应曰：'弹之状如弓，而以竹为弦④。'则知乎？"王曰："可知矣。"惠子曰："夫

---

① 辔，pèi，马缰。衔，马勒口。
② 轹，lì，车所践。
③ 惠子，名施，战国时宋人。为梁相，善辩。
④ 古以弓之能发丸击物者浑名曰弹。

说者固以其所知谕其所不知，而使人知之。今王曰'无譬'，则不可矣。"王曰："善。"

魏文侯与大夫饮酒，使公乘不仁为觞政①，曰："饮不釂者，浮以大白②！"文侯饮而不釂，公乘不仁举白浮君，君视而不应。侍者曰："不仁退！君已醉矣。"公乘不仁曰："周谚曰：'前车覆，后车戒。'盖言其危。为人臣者不易，为君亦不易。今君已设令，令不行，可乎？"君曰："善。"举白而饮。饮毕，曰："以公乘不仁为上客！"

赵简子问子贡曰："孔子为人何如？"子贡对曰："赐不能识也。"简子不悦曰："夫子事孔子数十年，终业而去之，寡人问子，子曰'不能识'，何也？"子贡曰："赐譬渴者之饮江海，知足而已，孔子犹江海也，赐则奚足以识之！"简子曰："善哉，子贡之言也！"

齐景公谓子贡曰："子谁师？"曰："臣师仲尼。"公曰："仲尼贤乎？"对曰："贤。"公曰："其

---

① 公乘不仁，姓公乘，名不仁。为，主管之意。觞政，犹酒令。
② 釂，jiào，饮酒尽。浮，罚饮。白，酒樽；大白，满樽。

贤何若？"对曰："不知也。"公曰："子知其贤，而不知其奚若，可乎？"对曰："今谓天高，无少长愚智皆知高。高几何？皆曰不知也。是以知仲尼之贤而不知其奚若。"

赵简子问于成抟曰："吾闻夫羊殖者，贤大夫也，是行奚然？"对曰："臣抟不知也。"简子曰："吾闻之，子与友亲，子而不知，何也？"抟曰："其为人也数变：其十五年也，廉以不匿其过；其二十也，仁以喜义；其三十也，为晋中军尉①，勇以喜仁；其年五十也，为边城将，远者复亲。今臣不见五年矣，恐其变，是以不敢知。"简子曰："果贤大夫也，每变益上矣。"

## 奉使

魏文侯封太子击于中山②，三年，使不往来。舍人赵仓唐进称曰："为人子，三年不闻父问，不可

---

① 周制，诸侯之大者为三军——上军、中军、下军，中军为发号施令之所，主帅自将之。尉，掌管军事之官，主发众使民；中军尉，尉之属于中军者。
② 击，武侯名。中山，古国，文侯灭之，在今河北定州市一带。

谓孝；为人父，三年不问子①，不可谓慈。君何不遣人使大国②乎？"太子曰："愿之久矣，未得可使者。"仓唐曰："臣愿奉使。侯何嗜好？"太子曰："侯嗜晨凫③，好北犬。"于是乃遣仓唐绁④北犬，奉晨凫，献于文侯。仓唐至，上谒曰："孽子⑤击之使者，不敢当大夫之朝请⑥，以燕闲⑦，奉晨凫敬献庖厨，绁北犬敬上涓人⑧！"文侯悦曰："击爱我，知吾所嗜，知吾所好！"召仓唐而见之，曰："击无恙乎？"仓唐曰："唯！唯！"如是者三，乃曰："君出太子而封之国，君名之，非礼也。"文侯怵然⑨为之变容，问曰："子之君无恙乎？"仓唐曰："臣来时，拜送书于庭。"文侯顾指左右，曰："子

---

① 不问子，一作"不闻子问"。
② 中山属魏，故称魏为大国。
③ 晨凫，野鸭。常以晨飞，故名。肥而耐寒，宜为臛。校订者按：臛，huò，肉羹。
④ 绁，xiè，系牲畜之绳，此处作动词用。
⑤ 孽子，犹言微贱之子。
⑥ 不敢当大夫之朝请，言不敢与诸大夫偕奉朝请。
⑦ 燕闲，燕居闲暇之时。
⑧ 涓人，近习之人。
⑨ 怵，chù；怵然，惊动貌。

之君长孰与是?"仓唐曰:"《礼》:'拟人必于其伦。[①]'诸侯无偶,无所拟之。"曰:"长大孰与寡人?"仓唐曰:"君赐之外府[②]之裘,则能胜之;赐之斥带,则不更其造[③]。"文侯曰:"子之君何业?"仓唐曰:"业《诗》。"文侯曰:"于《诗》何好?"仓唐曰:"好《晨风》《黍离》[④]。"文侯自读《晨风》曰:"鴥彼晨风,郁彼北林。未见君子,忧心钦钦。如何如何,忘我实多[⑤]!"文侯曰:"子之君以我忘之乎?"仓唐曰:"不敢,时思耳。"文侯复读《黍离》曰:"彼黍离离,彼稷之苗。行迈靡靡,中心摇摇。知我者谓我心忧,不知我者谓我何求。悠悠

---

① 《礼记·曲礼下》语。
② 外府,古官名,掌邦布之出入,以共百物,而待邦之用。
③ 斥带,大带,古代贵族礼服用带。不更其造,不须更制。
④ 《晨风》,《诗经·秦风》章名,刺秦康公忘穆公之业,始弃其贤臣。《黍离》,《诗经·王风》章名,周大夫过故宗庙宫室,见尽为禾黍,悯其颠覆,而作是诗。
⑤ 鴥,yù,疾飞貌。晨风,鸟名,鹯。郁,林木积聚貌。北林,林名。喻穆公招贤人,贤人疾往,如晨风之飞入北林。钦钦,思望之意。谓穆公未见贤人时,思望而心忧。如何如何,忘我实多,乃托穆公之意以责康公曰:"汝如何乎,忘我之功业实多也!"

苍天,此何人哉①!"文侯曰:"子之君怨乎?"仓唐曰:"不敢,时思耳。"文侯于是遣仓唐赐太子衣一袭,敕②仓唐以鸡鸣时至。太子迎拜受赐。发箧,视衣,尽颠倒。太子曰:"趣早驾③!君侯召击也。"仓唐曰:"臣来时不受命。"太子曰:"君侯赐击衣,不以为寒也。欲召击,无谁与谋,故敕子以鸡鸣时至。《诗》曰:'东方未明,颠倒衣裳。颠之倒之,自公召之。'④"遂西至谒文侯。文侯大喜,乃置酒而称曰:"夫远贤而近所爱,非社稷之长策也。"乃出少子挚,封中山,而复太子击。故曰:"欲知其子,视其友;欲知其君,视其所使。"赵仓唐一使,而文侯为慈父,而击为孝子。太子乃称《诗》曰:"'凤凰于飞,哕哕其羽,亦集爰止。蔼蔼王多吉

---

① 彼,彼宗庙宫室之地。离离,纷披繁盛貌。行,道;迈,行。行迈,犹道行;道行,犹行道。靡靡,迟迟。摇摇,忧无所诉。谓我心忧,谓我何求,皆行人怪我久留不去之辞。悠悠,远貌。此何人,言此亡国之君为何等人,而使宗庙丘墟至此。
② 敕,同"饬",令,使。
③ 趣,cù,催促,急速;早,一作"具";趣具驾,催速具车。
④ 《诗经·齐风·东方未明》章语。

士，维君子使，媚于天子。'①舍人之谓也。"

越使诸发执一枝梅遗梁王，梁王之臣曰韩子，顾谓左右曰："恶有以一枝梅乃遗列国之君者乎？请为二三子惭之！"出谓诸发曰："大王有命：'客冠，则以礼见；不冠，则否！'"诸发曰："彼越亦天子之封也。不得冀、兖②之州，乃处海垂③之际，屏外蕃以为居，而蛟龙又与我争焉。是以剪发文身，烂然成章，以像龙子者，将避水神也。令大国其命，冠则见以礼，不冠则否。假令大国之使时过弊邑，弊邑之君亦有命矣，曰：'客必剪发文身，然后见之。'于大国何如？意而安之，愿假冠以见；意如不安，愿无变国俗！"梁王闻之，被衣出以见诸发。乃逐韩子。《诗》云："维君子使，媚于天子。"若此之谓也。

---

① 《诗经·大雅·卷阿》章语。哕，huì；哕哕，羽声。爰，于。言凤凰哕哕飞往，众鸟亦来，皆与集于所止，喻贤者所在，群士皆慕而往仕。蔼蔼，犹济济。媚，爱。君子率吉士，使亲爱天子，奉职尽力。
② 冀，古九州之一，包有今山西与陕西黄河以东、河南与山西间黄河以北，以及山东西北、河北东南地区。兖，yǎn，古九州之一，今山东、河北皆有地属之。
③ 海垂，海边。

说苑

秦、楚毂①兵。秦王使人使楚,楚王使人戏之曰:"子来亦卜之乎?"对曰:"然。""卜之谓何?"对曰:"吉。"楚人曰:"噫!甚矣,子之国无良龟也②!王方杀子以衅钟③,其吉如何?"使者曰:"秦、楚毂兵,吾王使我先窥。我死而不还,则吾王知警戒,整齐兵以备楚,是吾所谓吉也。且使死者而无知也,又何衅于钟?死者而有知也,吾岂错④秦相⑤楚哉?我将使楚之钟鼓无声,钟鼓无声,则将无以整齐其士卒而理君军。夫杀人之使,绝人之谋,非古之通议⑥也。子大夫试熟计之!"使者以报楚王,楚王赦之。此之谓造命⑦。

魏文侯使舍人毋择献鹄于齐侯。毋择行道失之,徒献空笼,见齐侯曰:"寡君使臣毋择献鹄,道饥渴,臣出而饮食之,而鹄飞冲天,遂不复反。

---

① 毂,gǔ,通"构"。
② 古时卜则灼龟甲以观测之。
③ 衅钟,杀而以其血涂钟之坼隙,取其克敌之兆。
④ 错,通"措",置。
⑤ 相,助。
⑥ 议,一说当作"谊",谊,义。
⑦ 古人以为祸福皆本于命,能造祸福曰造命。

念思非无钱以买鹄也,恶有为其君使,轻易其币者乎?念思非不能拔剑刎头、腐肉暴骨于中野也,为吾君贵鹄而贱士也。念思非不敢走陈、蔡之间也,恶绝两君之使。故不敢爱身逃死,来献空笼。唯主君斧锧之诛!"齐侯大悦曰:"寡人今者得兹言三,贤于鹄远矣!寡人有都郊①地百里,愿献子大夫以为汤沐邑!"毋择对曰:"恶有为其君使而轻易其币,而利诸侯之地乎?"遂出不反。

## 权谋

赵简子曰:"晋有泽鸣、犊犨②,鲁有孔丘,吾杀此三人,则天下可图也。"于是乃召泽鸣、犊犨,任之以政而杀之,使人聘孔子于鲁。孔子至河,临水而观曰:"美哉水,洋洋③乎!丘之不济于此,命也夫!"子路趋进曰:"敢问奚谓也?"孔子曰:"夫泽鸣、犊犨,晋国之贤大夫也。赵简子之未得

---

① 都,邑之大者。邑外谓之郊。
② 犨,chōu;泽鸣、犊犨,一作"窦鸣犊、舜华",又作"铎鸣、犊犨"。
③ 洋洋,大水貌。

志也，与之同闻见；及其得志也，杀之而后从政。故丘闻之：刳胎焚夭①，则麒麟不至；干泽而渔，则蛟龙不游；覆巢毁卵，则凤凰不翔。丘闻之，君子重伤其类者也。"

鲁公索氏将祭而亡其牲。孔子闻之，曰："公索氏比及三年②必亡矣。"后一年而亡。弟子问曰："昔公索氏亡牲，夫子曰：'比及三年必亡矣。'今期年而亡，夫子何以知其将亡也？"孔子曰："祭之为言索也。索也者，尽也，乃孝子所以自尽于亲也。至祭而亡其牲，则余所亡者多矣，吾以此知其将亡也。"

下蔡③威公闭门而哭，三日三夜，泣尽而继以血。旁邻窥墙而问之曰："子何故而哭，悲若此乎？"对曰："吾国且亡。"曰："何以知也？"应之曰："吾闻病之将死也，不可为良医；国之将亡也，不可为计谋。吾数谏吾君，吾君不用，是以知其国之将亡也。"于是窥墙者闻其言，则举宗而

---

① 物稚曰夭。
② 比及三年，一作"不及二年"。
③ 下蔡，春秋时楚州来邑，故城在今安徽凤台县北。

去之于楚。居数年，楚王果举兵伐蔡。窥墙者为司马，将兵而往，束房甚众，问曰："得无有昆弟故人乎？"见威公缚在房中，问曰："若何以至于此？"应曰："吾何以不至于此！且吾闻之也：言之者，行之役也；行之者，言之主也。汝能行，我能言；汝为主，我为役。吾亦何以不至于此哉！"窥墙者乃言之于楚王，遂解其缚，与俱之楚。故曰："能言者未必能行，能行者未必能言也。"

韩昭侯①作高门，屈宜咎②曰："昭侯不出此门。"曰："何也？"曰："不时。吾所谓时者，非时日也，人固有利不利。昭侯尝利矣，不作高门。往年秦拔宜阳，明年大旱民饥③，不以此时恤民之急也，而顾反益奢，此所谓'福不重至，祸必重来'者也。"高门成，昭侯卒，竟不出此门。

中行文子④出亡，至边，从者曰："为此啬夫⑤

---

① 韩昭侯，战国时韩君，名未详。
② 咎，一作"白"；屈宜咎，楚大夫之在魏者。
③ 宜阳，韩邑，今为县，属河南洛阳市。昭侯二十四年，秦拔宜阳；二十五年，旱饥，即于是年作高门。
④ 中行文子，即荀寅。
⑤ 啬夫，乡官。

者,君人①也,胡不休焉,且待后车?"文子曰:"异日吾好音,此子遗吾琴;吾好佩,又遗吾玉。是不非吾过者也,自容于我者也,吾恐其以我求容也。"遂不入。后车入门,文子问啬夫之所在,执而杀之。仲尼闻之曰:"中行文子背道失义以亡其国,然后得之,犹活其身,道不可遗也若此!"

孔子问漆雕马人②曰:"子事臧文仲、武仲、孺子容③,三大夫者,孰为贤?"漆雕马人对曰:"臧氏家有龟焉,名曰蔡④。文仲立,三年为一兆⑤焉;武仲立,三年为二兆焉;孺子容立,三年为三兆焉。马人见之矣。若夫三大夫之贤不贤,马人不识也。"孔子曰:"君子哉!漆雕氏之子。其言人之美也,隐而显;其言人之过也,微而著。故智不能

---

① 君人,属君之人。
② 漆雕马人,姓漆雕,名马人。一作"漆雕凭",又作"漆雕平",即孔子弟子漆雕开。
③ 臧文仲,鲁大夫,名辰。其先出自鲁孝公,孝公有子名彄(kōu),字子臧,其嗣以其字为氏;又以彄食采于臧,后谓之臧孙,即氏焉。辰为彄之曾孙,称臧孙辰。武仲,文仲之孙,名纥,称臧孙纥。孺子容,未详。
④ 蔡,大龟。
⑤ 兆,灼龟而卜。

及，明不能见，得无数卜乎①？"

## 至公

辛栎见鲁穆公②曰："周公不如太公之贤也。"穆公曰："子何以言之？"辛栎对曰："周公择地而封曲阜③，太公择地而封营丘④。爵土等，其地不若营丘之美，人民不如营丘之众。不徒若是，营丘又有天固。"穆公心惭，不能应也。辛栎趋而出。南宫边子入，穆公具以辛栎之言语南宫边子。南宫边子曰："昔周成王之卜居成周⑤也，其命龟曰：'予一人兼有天下，辟就⑥百姓，敢无中土⑦乎？使予有罪，则四方伐之，无难得也。'周公卜居曲阜，其命龟曰：'作邑乎山之阳，贤则茂昌，不贤则速

---

① 智不能及，明不能见，则多卜，反是则少卜。文仲卜最少，武仲次之，孺子容卜最多，不言其贤否，而贤否自见。
② 鲁穆公，名显。
③ 曲阜，鲁国所都，今属山东济宁市。
④ 营丘，齐太公所封地，在今山东昌乐县东南。
⑤ 成周，周时洛邑之称，在今河南洛阳市区。周都于镐，在今陕西，地偏西方，故筑都洛邑，不时莅治，以便统摄。
⑥ 辟就，昵近之意。
⑦ 中土，即指成周，以其地居国中之故。

亡!'季孙行父①之戒其子也,曰:'吾欲室之侠于两社之间也②,使吾后世有不能事上者,使其替③之益速!'如是,则曰贤则茂昌,不贤则速亡,安在择地而封哉?或示有天固也?辛栎之言,小人也,子无复道也!"

楚令尹虞丘子复④于庄王曰:"臣闻:奉公行法,可以得荣;能浅行薄,无望上位;不名仁智,无求显荣;才之所不著,无当其处⑤。臣为令尹十年矣,国不加治,狱讼不息,处士⑥不升,淫祸⑦不讨,久践高位,妨群贤路,尸禄素餐⑧,贪欲无厌,臣之罪当稽于理⑨!臣窃选国俊下里⑩之士曰孙

---

① 季孙行父,鲁贤大夫,历相宣公、成公、襄公。鲁桓公有子名季友,封于鄫,后为季孙氏,行父,季友孙。
② 侠,通"夹",傍。两社,周社与亳社;两社之间,朝廷执政之臣所在。
③ 替,废。
④ 复,白。
⑤ 无当其处,谓不居其位。
⑥ 处士,有才能而未显者。
⑦ 淫祸,淫邪作乱之徒。
⑧ 尸禄,食禄不事事。素,空;素餐,无事而食。
⑨ 稽,计,议;稽于理,谓当使狱官绳之以法。
⑩ 下里,乡里。

叔敖，秃赢①多能，其性无欲，君举而授之政，则国可使治，而士民可使附。"庄王曰："子辅寡人，寡人得以长于中国，令行于绝域，遂霸诸侯，非子如何？"虞丘子曰："久固禄位者，贪也；不进贤达能者，诬也；不让以位者，不廉也。不能三者，不忠也。为人臣不忠，君王又何以为臣？臣愿固辞！"庄王从之，赐虞丘子采地②三百，号曰国老，以孙叔敖为令尹。少焉，虞丘子家干③法，孙叔敖执而戮之。虞丘子喜，入见于王曰："臣言孙叔敖，果可使持国政。奉国法而不党，施刑戮而不骪④，可不谓公乎！"庄王曰："夫子之赐也已！"

赵宣子⑤言韩献子⑥于晋侯曰："其为人不党，治众不乱，临死不恐。"晋侯以为中军尉。河曲之役⑦，

---

① 秃赢，首无发而赢瘦，言孙叔敖之形相。一作"秀赢"。
② 采，官；官收其地之租入为俸禄，故曰采地。
③ 干，犯。
④ 骪，wěi，曲而徇情之意。
⑤ 赵宣子，名盾，谥曰宣。
⑥ 韩献子，名厥，谥曰献。
⑦ 河曲，在今山西永济县。黄河自永济折而东，入芮城县，谓之河曲。秦、晋战于河曲，鲁文公十二年事。

赵宣子之车干行①,韩献子戮其仆。人皆曰:"韩献子②必死矣!其主朝升之,而暮戮其仆,谁能待之?"役罢,赵宣子觞大夫,爵三行,曰:"二三子可以贺我!"二三子曰:"不知所贺。"宣子曰:"我言韩厥于君,言之而不当,必受其刑。今吾车失次而戮之仆,可谓不党矣。是吾言当也。"二三子再拜稽首曰:"不惟晋国适③享之,乃唐叔④是赖之,敢不再拜稽首乎!"

楚令尹子文⑤之族有干法者,廷理⑥拘之,闻其令尹之族也,而释之。子文召廷理而责之曰:"凡立廷理者,将以司犯王令而察触国法也。夫直士持法,柔而不挠⑦,刚而不折。今弃法而背令,而释犯法者,是为理不端,怀心不公也。岂吾有营私之

---

① 干,犯而乱之。行,军阵之行列。
② 韩献子,当为"韩厥",时人不当称其谥。——校订者注
③ 适,偶。
④ 唐叔,名虞,字子于,周武王子,成王封之于唐,故曰唐叔,晋之始君。
⑤ 子文,姓鬭,名縠於菟,事楚成王为令尹,有贤称。
⑥ 廷理,与大理同。
⑦ 挠,屈。

意也？何廷理之驳<sup>①</sup>于法也？吾在上位，以率士民，士民或怨，而吾不能免之于法。今吾族犯法甚明，而使廷理因缘吾心而释之，是吾不公之心明著于国也。执一国之柄，而以私闻，与吾生不以义，不若吾死也！"遂致其族人于廷理，曰："不是刑也，吾将死！"廷理惧，遂刑其族人。成王<sup>②</sup>闻之，不及履而至于子文之室，曰："寡人幼少，置理失其人，以违夫子之意！"于是黜廷理而尊子文，使及内政。国人闻之，曰："若令尹之公也，吾党何忧乎！"乃相与作歌曰："子文之族，犯国法程。廷理释之，子文不听。恤顾怨萌<sup>③</sup>，方正公平！"

子羔<sup>④</sup>为卫政，刖人之足。卫之君臣乱<sup>⑤</sup>，子羔走郭门，郭门闭，刖者守门，曰："于彼有缺。"子羔曰："君子不逾。"曰："于彼有窦。"子羔曰：

---

① 驳，乱。
② 成王，名熊恽。
③ 萌，通"氓"，民。
④ 子羔，姓高，名柴，孔子弟子。时为卫士师。
⑤ 卫庄公蒯聩为太子时，得罪于父灵公而出奔。灵公卒，国人立庄公子辄为君，即出公。立十二年而庄公入，卫乱。

"君子不遂①。"曰:"于此有室。"子羔入,追者罢。子羔将去,谓刖者曰:"吾不能亏损主之法令而亲刖子之足。吾在难中,此乃子之报怨时也,何故逃我?"刖者曰:"断足固我罪也,无可奈何。君之治臣也,倾侧法令②,先后臣以法③,欲臣之免于法也,臣知之;狱决罪定,临当论刑,君愀然④不乐,见于颜色,臣又知之。君岂私臣哉?天生仁人之心,其固然也。此臣之所以脱君也。"孔子闻之曰:"善为吏者树德,不善为吏者树怨。公行之也,其子羔之谓欤!"

## 指武

孔子北游,东上农山⑤,子路、子贡、颜渊从焉。孔子喟然叹曰:"登高望下,使人心悲!二三

---

① 遂,一作"隧",谓从地道潜行。缺、窦非正路,不逾不遂,恶其近盗窃。
② 倾侧法令,以法令倾侧示之。
③ 先后臣以法,先人后己以为之地,使知法令可进却。
④ 愀,qiǎo;愀然,容色改变貌。
⑤ 农山,山名,一作"景山",又作"猱山"。猱,náo,在鲁地,今山东临淄一带。

子者,各言尔志,丘将听之!"子路曰:"愿得白羽若月,赤羽若日①,钟鼓之音,上闻乎天,旌旗翩翻,下蟠②于地,由且举兵而击之,必也攘③地千里,独由能耳,使夫二子为我从焉。"孔子曰:"勇哉士乎!愤愤④者乎!"子贡曰:"赐也愿齐、楚合战于莽洋⑤之野,两垒相当,旌旗相望,尘埃相接,接战构兵,赐愿着缟衣白冠,陈说白刃之间,解两国之患,独赐能耳,使夫二子者为我从焉。"孔子曰:"辩哉士乎!仙仙⑥者乎!"颜渊独不言,孔子曰:"回来!若独何不愿⑦乎?"颜渊曰:"文武之事,二子已言之,回何敢与焉!"孔子曰:"若鄙心不与⑧焉,第言之!"颜渊曰:"回闻鲍鱼兰芷⑨

---

① 兵车旗帜皆插羽。
② 蟠,委。
③ 攘,犹辟。
④ 愤愤,刚勇之貌。
⑤ 莽洋,一作"漭漾",空旷貌。
⑥ 仙仙,体态从容貌。
⑦ 不愿,无所愿。
⑧ 鄙心不与,汝心鄙而不与。
⑨ 鲍鱼,味臭。兰芷,香草。

不同箧①而藏，尧、舜、桀、纣不同国而治，二子之言，与回言异。回愿得明王圣主而相之，使城郭不修，沟池不越②，锻③剑戟以为农器，使天下千岁无战斗之患。如此，则由何愤愤而击，赐何仙仙而使乎？"孔子曰："美哉德乎！姚姚④者乎！"子路举手问曰："愿闻夫子之意！"孔子曰："吾所愿者，颜氏之计，吾愿负衣冠而从颜氏子也！"

武王将伐纣，召太公望而问之曰："吾欲不战而知胜，不卜而知吉，使非其人⑤，为之有道乎？"太公对曰："有道。王得众人之心以图不道，则不战而知胜矣；以贤伐不肖，则不卜而知吉矣。彼害之，我利之，虽非吾民，可得而使也。"武王曰："善。"乃召周公而问焉，曰："天下之图事者，皆以殷为天子，以周为诸侯。以诸侯攻天子，胜之有道乎？"周公对曰："殷信天子，周信诸侯，则

---

① 箧，qiè，箱。
② 不越，不深凿。
③ 锻，销炼。
④ 姚姚，德美盛貌。
⑤ 使非其人，言非吾之人民而使之。

无胜之道矣，何可攻乎！"武王忿然曰："汝言有说乎？"周公对曰："臣闻之：攻礼者为贼；攻义者为残；失其民，制为匹夫。王攻其失民者也，何攻天子乎？"武王曰："善。"乃起众举师，与殷战于牧①之野，大败殷人。上堂见玉，曰："谁之玉也？"曰："诸侯之玉。"即取而归之于诸侯。天下闻之，曰："武王廉于财矣。"入室见女，曰："谁之女也？"曰："诸侯之女也。"即取而归之于诸侯。天下闻之，曰："武王廉于色也。"于是发巨桥②之粟，散鹿台③之财、金钱以与士民；黜其战车而不乘，弛④其甲兵而弗用；纵马华山⑤，放牛桃林⑥，示不复用。天下闻者，咸谓武王行义于天下。岂不大哉！

文王欲伐崇⑦，先宣言曰："予闻崇侯虎蔑侮父

---

① 牧，一作"坶"，在今河南淇县以南、卫河以北。
② 巨桥，一作"钜桥"，仓名，遗址当在今河北曲周县。
③ 鹿台，台名，在今河南淇县。
④ 弛，解。
⑤ 华山，古称西岳，在今陕西华阴市。
⑥ 桃林，地名，自河南灵宝县以西至潼关以东地区。
⑦ 崇，古国名，在今陕西西安市鄠邑区。

兄，不敬长老，听狱不中，分财不均，百姓力尽，不得衣食。予将来征之，惟为民！"乃伐崇。令毋杀人，毋坏室，毋填井，毋伐树木，毋动六畜；有不如令者，死无赦！崇人闻之，因请降。

## 谈丛

枭逢鸠，鸠曰："子将安之？"枭曰："我将东徙。"鸠曰："何故？"枭曰："乡人皆恶我鸣，以故东徙。"鸠曰："子能更鸣，可矣；不能更鸣，东徙，犹恶子之声。"

## 杂言

弥子瑕①爱于卫君。卫国之法，窃驾君车，罪刖。弥子瑕之母疾，人闻，夜往告之，子瑕矫驾君车而出。君闻之，贤之，曰："孝哉！为母之故，犯刖罪哉！"君游果园，弥子瑕食桃而甘，不尽而奉君，君曰："爱我而忘其口味②。"及弥子瑕色衰

---

① 弥子瑕，卫灵公之嬖臣。
② 食余之物，口污存焉，以之奉人为不敬，谓子瑕爱我，故忘情于此。

而爱弛，得罪于君，君曰："是故尝矫驾吾车，又尝食我以余桃①。"故子瑕之行，未必变初也。前见贤、后获罪者，爱憎之生变也。

西闾过东渡河，中流而溺。船人接而出之，问曰："今者子欲安之？"西闾过曰："欲东说诸侯王。"船人掩口而笑，曰："子渡河，中流而溺，不能自救，安能说诸侯乎？"西闾过曰："无以子之所能相伤为也！子独不闻和氏之璧②乎？价重千金，然以之间纺，曾不如瓦砖；随侯之珠③，国之宝也，然用之弹，曾不如泥丸；骐骥、骒骊④，倚衡⑤负轭⑥而趋，一日千里，此至疾也，然使捕鼠，曾不如百

---

① 矫，伪造妄托。矫君车，食余桃，追数其前罪。
② 楚人卞和得璞玉，献之楚厉王，玉人曰："石也。"王刖和左足。武王即位，又献之，玉人又曰："石也。"王刖其右足。文王立，和乃抱璞而哭，三日三夜，文王乃使玉人琢之，果得玉，因名为和氏璧。
③ 随侯，汉中姬姓国之诸侯，尝见大蛇伤断，以药涂之。后蛇衔珠为报，纯白而夜光，大径寸，因名为随侯珠。
④ 骐骥、骒骊，皆良马名。
⑤ 衡，车辕端横木。
⑥ 轭，è，在车衡两端扼马颈者。

钱之锥;干将、镆铘①,拂钟不铮②,试物不知③,扬刃离金,斩羽契④铁斧,此至利也,然以之补履,曾不如两钱之锥。今子持楫⑤乘扁舟,处广水之中,当阳侯之波⑥而临渊流,适子所能耳。若试与子东说诸侯王,见一国之主,子之蒙蒙⑦,无异夫未视之狗耳!"

孔子之宋,匡简子将杀阳虎⑧,孔子似之,甲士以围孔子之舍⑨。子路怒,奋戟将下斗。孔子止之曰:"何仁义之不免俗也⑩!夫《诗》《书》之不习,《礼》《乐》之不修也,是丘之过也。若似阳虎,则

---

① 干将、镆铘,宝剑名。干将,吴人,其妻名莫邪,干将作剑,莫邪断发剪爪投炉中,金铁乃濡,遂成二剑,因名阳曰干将,阴曰莫邪;镆铘,即莫邪。
② 铮,金声。不铮,金属之器不发声。
③ 不知,如未着物,毫无所觉。校订者按:一本无"试物不知"。
④ 契,qì,同"锲",断。
⑤ 楫,桨。
⑥ 阳侯,陵阳国侯。死于水,为神,能作大波,因名为阳侯之波。
⑦ 蒙蒙,暗不明。
⑧ 匡,地名,在今河南长垣县。简子,匡人。阳虎,阳氏,名虎,一名货,鲁大夫家臣,以罪出奔。
⑨ 阳虎曾暴于匡,孔子貌似虎,匡人误以为虎而围之。
⑩ 言何修仁义而不免世俗好勇斗狠之事。

非丘之罪也，命也夫！由歌！予和汝。"子路歌，孔子和之，三终而甲罢。

子夏①问仲尼曰，"颜渊之为人也何若？"曰："回之信贤于丘也。"曰："子贡之为人也何若？"曰："赐之敏贤于丘也。"曰："子路之为人也何若？"曰："由之勇贤于丘也。"曰："子张②之为人也何若？"曰："师之庄贤于丘也。"于是子夏避席而问曰："然则四子者何为事先生？"曰："坐！吾语汝：回能信而不能反，赐能敏而不能屈，由能勇而不能怯，师能庄而不能同。兼此四子者，丘不为也。夫所谓至圣之士，必见进退之利、屈伸之用者也。"

东郭子惠③问于子贡曰："夫子之门，何其杂也？"子贡曰："夫隐括之旁多枉木④，良医之门多疾人，砥砺之旁多顽钝。夫子修道以俟天下，来

---

① 子夏，姓卜，名商，孔子弟子。
② 子张，姓颛孙，名师，亦孔子弟子。
③ 东郭子惠，一作"东郭子思"，又作"南郭惠子"。
④ 隐括，即"檃栝"，正邪曲之器；揉曲者曰檃，正方者曰栝。枉木，不直之木。

者不止，是以杂也。《诗》云：'菀彼柳斯，鸣蜩嘒嘒。有漼者渊，莞苇淠淠。'①言大者之旁，无所不容。"

子路盛服而见孔子，孔子曰："由，是襜襜②者何也？昔者江水出于岷山③，其始也，大足以滥觞④，及至江之津也，不方舟，不避风，不可渡也，非唯下流众川之多乎？今若衣服甚盛，颜色充盈，天下谁肯加若者哉！"子路趋而出，改服而入，盖自如也。孔子曰："由，记之！吾语若：贲于言者，华也⑤；奋于行者，伐也⑥；夫色智而有能者，小人也。故君子知之为知之，不知为不知，言之要也；能之为能之，不能为不能，行之至也。言要则知，行要则仁。既知且仁，夫有何加矣哉！《诗》云：'汤

---

① 《诗经·小雅·小弁》章语。菀，yù，茂盛貌。蜩，tiáo，蝉。嘒，huì；嘒嘒，鸣声。漼，cuǐ，深貌。莞苇，草名。淠，pì；淠淠，众貌。柳盛则多蝉，渊深则莞苇丛生，所谓"大者之旁，无所不容"。
② 襜，chān；襜襜，整貌。一作"裾裾"，又作"倨倨"与"疏疏"。
③ 岷山，在今四川松潘县北。
④ 觞所以盛酒，大唯足以滥觞，言其微。
⑤ 贲，fèn，通"愤"；贲于言者华，谓以言自愤起者华而无实。
⑥ 奋于行者伐，言自矜奋行者为自伐。

降不迟,圣敬日跻。'此之谓也。"

子路问于孔子曰:"君子亦有忧乎?"孔子曰:"无也。君子之修其行,未得,则乐其意①;既已得,又乐其知。是以有终生之乐,无一日之忧。小人则不然。其未之得,则忧不得;既已得之,又恐失之。是以有终身之忧,无一日之乐。"

曾子曰:"吾闻夫子之三言,未之能行也。夫子见人之一善而忘其百非,是夫子之易事也;夫子见人有善,若己有之,是夫子之不争也;闻善必躬亲行之,然后道之,是夫子之能劳也。夫子之能劳也,夫子之不争也,夫子之易事也,吾学夫子之三言而未能行!"

孔子曰:"丘死之后,商也日益,赐也日损。商也好与贤己者处,赐也好说不如己者。"

孔子将行,无盖。弟子曰:"子夏有盖,可以行。"孔子曰:"商之为人也,甚短于财。吾闻与人交者,推其长者,违②其短者,故能久长矣。"

---

① 乐其意,乐其为治之意。
② 违,避,去。

说苑

子路行,辞于仲尼曰:"敢问新交取亲若何?言寡可行若何?长为善士而无犯若何?"仲尼曰:"新交取亲,其忠乎;言寡可行,其信乎;长为善士而无犯,其礼乎。"

孔子曰:"夫富而能富人者,欲贫而不可得也;贵而能贵人者,欲贱而不可得也;达而能达人者,欲穷而不可得也。"

孔子曰:"不知其子,视其所友;不知其君,视其所使。"又曰:"与善人居,如入兰芷之室,久而不闻其香,则与之化矣;与恶人居,如入鲍鱼之肆,久而不闻其臭,亦与之化矣。故曰:'丹①之所藏者赤,乌②之所藏者黑。'君子慎所藏。"

## 辨物

楚昭王③渡江,有物大如斗,直触王舟,止于舟中。昭王大怪之,使聘问孔子。孔子曰:"此名

---

① 丹,赤色丹砂。
② 乌,一作"漆"。
③ 楚昭王,名珍,楚平王子。

萍实①，令②剖而食之。惟霸者能获之，此吉祥也。"其后齐有飞鸟，一足，来下，止于殿前，舒翅而跳。齐侯大怪之，又使聘问孔子。孔子曰："此名商羊，急告民，趣治沟渠，天将大雨。"于是如之，天果大雨，诸国皆水，齐独以安。孔子归，弟子请问。孔子曰："异哉！小儿谣曰：'楚王渡江，得萍实。大如斗，赤如日。剖而食之，美如蜜。'此楚之应也。儿又有两两相牵，屈一足而跳，曰：'天将大雨，商羊起舞。'今齐获之，亦其应也。夫谣之后，未尝不有应随者也。"故圣人非独守道而已也，睹物记也，即得其应矣。

晋平公出畋，见乳虎③伏而不动，顾谓师旷曰："吾闻之也：霸王之主出，则猛兽伏不敢起。今者寡人出，见乳虎伏而不动，此其猛兽乎？"师旷曰："鹊食猬④，猬食骏𪉱⑤，骏𪉱食豹，豹食

---

① 萍实，萍之实。
② 令，一作"可"。
③ 乳虎，小虎。
④ 猬，兽名，似豪猪而小，见鹊，便自仰腹受啄。
⑤ 骏，xùn；𪉱，yí。骏𪉱，鸟名。状如鸥，赤足，直喙，黄文。一作"骏骥"。

驳[①]，驳食虎。夫驳之状有似驳马。今者君之出，必骖[②]驳马而出畋乎？"公曰："然。"师旷曰："臣闻之：一自诬者穷，再自诬者辱，三自诬者死。今夫虎所以不动者，为驳马也，固非主君之德义也。君奈何一自诬乎？"平公异日出朝，有鸟环平公不去。平公顾谓师旷曰："吾闻之也：霸王之主，凤下之。今者出朝，有鸟环寡人，终朝不去，是其凤鸟乎？"师旷曰："东方有鸟名谏珂，其为鸟也，文身而朱足，憎鸟而爱狐。今者吾君必衣狐裘以出朝乎？"平公曰："然。"师旷曰："臣已尝言之矣：一自诬者穷，再自诬者辱，三自诬者死。今鸟为狐裘之故，非吾君之德义也。君奈何而再自诬乎？"平公不说。异日，置酒虒祁[③]之台，使郎中马章布蒺藜[④]于阶上，令人召师旷。师旷至，履而上堂。平公曰："安有人臣履而上人主堂者乎？"师旷解履刺足，伏刺膝，仰

---

① 驳，兽名。状如马，白身，黑尾，一角，虎之牙爪，音如鼓，食虎豹。
② 骖，马在两旁驾车。
③ 虒，sī；虒祁，台名，平公所筑。
④ 蒺藜，草名，有刺，能伤人。

天而叹。公起引之,曰:"今者与叟戏,叟遽忧乎?"对曰:"忧。夫肉自生虫而还自食也,木自生蠹而还自刻也,人自兴妖而还自贼也。五鼎之具,不当生藜藿;人主堂庙,不当生蒺藜。"平公曰:"今为之奈何?"师旷曰:"妖已在前,无可奈何。入来月八日,修百官,立太子,君将死矣!"至来月八日,平旦,谓师旷曰:"叟以今日为期,寡人如何?"师旷不乐,谒归。归未几而平公死,乃知师旷神明矣。

赵简子问翟封荼①曰:"吾闻翟雨谷三日,信乎?"曰:"信。""又闻雨血三日,信乎?"曰:"信。""又闻马生牛,牛生马,信乎?"曰:"信。"简子曰:"大哉!妖亦足以亡国矣。"对曰:"雨谷三日,虻风②之所飘也;雨血三日,鸷鸟击于上也③;马生牛,牛生马,杂牧也④。此非翟之妖也。"

---

① 翟封荼,翟人名封荼者。
② 虻,通"盲";虻风,风之急而回旋者。
③ 鸷鸟在空中搏击,其血下洒如雨然。
④ 牛马杂居,牝牡互交,传种变异。

简子曰:"然则翟之妖奚也?"对曰:"其国数散①,其君幼弱,其诸卿货②,其大夫③比党以求禄爵,其百官肆断而无告④,其政令不竟而数化⑤,其士巧贪而有怨⑥。此其妖也。"

子贡问孔子:"死人有知无知也?"孔子曰:"吾欲言死者有知也,恐孝子顺孙妨生以送死也;欲言无知,恐不孝子孙弃不葬也。赐欲知死人有知将无知也,死徐自知之,犹未晚也。"

## 修文

子夏三年之丧毕,见于孔子。孔子与之琴,使之弦。援琴而弦,衎衎⑦而乐,作而曰:"先王制礼,不敢不及也。"子曰:"君子也!"闵子骞⑧三

---

① 数散,言人民常离,不得安居。
② 诸卿,指上级官。货,贪利。
③ 大夫,中级官。
④ 百官,下级官。肆断,任意处置。告,一作"常"。
⑤ 竟,一作"常"。化,一作"改"。
⑥ 心不足而怨其上。
⑦ 衎,kàn;衎衎,和乐貌。
⑧ 闵子骞,名损,孔子弟子。

年之丧毕，见于孔子。孔子与之琴，使之弦。援琴而弦，切切而悲，作而曰："先王制礼，不敢过也。"孔子曰："君子也！"子贡问曰："闵子哀不尽，子曰'君子也'；子夏哀已尽，子曰'君子也'。赐也惑，敢问何谓？"孔子曰："闵子哀未尽，能断之以礼，故曰'君子也'；子夏哀已尽，能引而致之于礼，故曰'君子也'。"夫三年之丧，固优者之所屈、劣者之所勉。"

齐宣王谓田过曰："吾闻儒者丧亲三年，丧君三年。君与父孰重？"田过对曰："殆不如父重。"王忿然怒曰："然则何为去亲而事君？"田过对曰："非君之土地，无以处吾亲；非君之禄，无以养吾亲；非君之尊位，无以尊显吾亲。受之君，致之亲。凡事君，所以为亲也。"宣王邑邑①而无以应。

韩褐子济于河，津人②告曰："夫人过于此者，未有不快用③者也，而子不用乎？"韩褐子曰："天子祭海内之神，诸侯祭封域之内，大夫祭其亲，士

---

① 邑邑，不舒貌。
② 津人，司渡舟者。
③ 快，谓祭。

祭其祖祢①，褐也，未得事河伯也。"津人申楫，舟中水而运②。津人曰："向也役人固已告矣，夫子不听役人之言也。今舟中水而运，甚殆。治装衣而下游乎？"韩子曰："吾不为人之恶我而改吾志，不为我将死而改吾义。"言未已，舟洪然③行。韩褐子曰："《诗》云：'莫莫葛藟，施于条枚。恺悌君子，求福不回。'④鬼神且不回，况于人乎！"

## 反质

卫有五丈夫，俱负缶⑤而入井，灌韭，终日一区。邓析⑥过，下车教之曰："为机，重其后，轻其前，命曰'桥⑦'，终日溉韭百区，不倦。"五丈夫曰："吾师言曰：'有机知之巧，必有机知之败。'

---

① 祢，nǐ，父庙。
② 运，旋转。
③ 洪，yì；洪然，纵放貌。
④ 《诗经·大雅·旱麓》章语。莫莫，茂貌。葛藟，草名。施，yì，延。一枝曰条。干曰枚。恺悌，乐易。求福不回，不违祖先之正道以求福。
⑤ 缶，瓦器。一作"壶"。
⑥ 邓析，春秋时人，作名家言。
⑦ 桥，一作"桔槔"。

我非不知也,不欲为也。子其往矣!我一心溉之,不知改已。"邓析去,行数十里,颜色不悦怿,自病①。弟子曰:"是何人也,而恨我君?请为君杀之!"邓析曰:"释之!是所谓真人者也,可令守国!"

禽滑厘②问于墨子③曰:"锦绣絺纻,将安用之?"墨子曰:"恶!是非吾用务也!古有无文者,得之矣。夏禹是也。卑小宫室,损薄饮食,土阶④三等,衣裳细布。当此之时,黻⑤无所用,而务在于完坚。殷之盘庚⑥,大其先王之室,而改迁于殷⑦,茅茨⑧不剪,采椽⑨不斫,以变天下之视。当此之时,文采之帛,将安所施?夫品庶⑩非有心也,

---

① 病,恨。
② 禽滑厘,魏人,墨子弟子,一说受业于子夏。
③ 墨子,名翟,战国时人。倡兼爱尚同之说,主节俭。
④ 土阶,以土为阶。
⑤ 黻,一作"黼黻"(fǔfú),衣裳绘绣之文。
⑥ 盘庚,殷之贤君。
⑦ 殷,地在今河南安阳市。
⑧ 茅茨,以茅盖屋。
⑨ 采,亦作"棌",栎木;以采为椽,言其俭。
⑩ 品庶,民众。

以人主为心。苟上不为,下恶用之?二王者以身先于天下,故化隆于其时,成名于今世也。且夫锦绣绨纻,乱君之所造也。其本皆兴于齐,景公喜奢而忘俭,幸有晏子以俭镌之①。然犹几不能胜。夫奢安可穷哉?纣为鹿台、糟丘,酒池、肉林②,宫墙文画,雕琢刻镂,锦绣被堂,金玉珍玮,妇女优倡,钟鼓管弦,流漫不禁,而天下愈竭,故卒身死国亡,为天下戮。非惟锦绣绨纻之用耶?今当凶年,有欲予子随侯之珠者,曰:'不得卖也,珍宝而以为饰。'又欲予子一钟粟者,得珠者不得粟,得粟者不得珠,子将何择?"禽滑厘曰:"吾取粟耳,可以救穷。"墨子曰:"诚然,则恶在事夫奢也!长③无用,好末淫,非圣人之所急也。故食必常饱,然后求美;衣必常暖,然后求丽;居必常安,然后求乐。为可长,行可久,先质而后文,此圣人之务。"禽滑厘曰:"善。"

魏文侯御廪灾。文侯素服辟正殿,五日。群臣

---

① 晏子,名婴,齐贤相。镌,抑制之意。
② 糟丘,积糟成丘。酒池,以酒为池。肉林,悬肉为林。
③ 长,旧读zhàng,多余。

皆素服而吊，公子成父独不吊。文侯复殿，公子成父趋而入贺曰："甚大善矣夫，御廪之灾也！"文侯作色不悦曰："夫御廪者，寡人宝之所藏也。今火灾，寡人素服辟正殿，群臣皆素服而吊，至于子大夫而不吊。今已复殿矣，犹入贺，何为？"公子成父曰："臣闻之：天子藏于四海之内，诸侯藏于境内，大夫藏于其家，士庶人藏于箧椟。非其所藏者，不有天灾，必有人患。今幸无人患，乃有天灾，不亦善乎？"文侯喟然叹曰："善！"

齐桓公谓管仲曰："吾国甚小，而财用甚少，而群臣衣服、舆驾甚汰。吾欲禁之，可乎？"管仲曰："臣闻之：君尝之，臣食之；君好之，臣服之。今君之食也，必桂之浆①；衣练紫②之衣、狐白之裘。此群臣之所奢太③也。《诗》云：'不躬不亲，庶民不信。'④君欲禁之，胡不自亲乎？"桓公曰："善。"

---

① 桂之浆，以桂制之液汁。
② 练紫，熟帛之染成紫色者。
③ 太，同"泰"。校订者按：一作"大"。
④ 《诗经·小雅·节南山》章之语。不，原皆作"弗"。

于是更制练帛之衣①、大白②之冠。朝一年，而齐国俭也。

赵简子乘弊车瘦马，衣羖羊③裘。其宰进谏曰："车新则安，马肥则往来疾，狐白之裘温且轻④。"简子曰："吾非不知也。吾闻之：君子服善则益恭，细人服善则益倨。今我以自备⑤，恐有细人之心也。传曰：'周公位尊愈卑，胜敌愈惧，家富愈俭。'故周氏八百余年⑥。此之谓也。"

晋文公合诸侯而盟曰："吾闻国之昏，不由声色，必由奸利。好乐声色者，淫也；贪奸者，惑也。夫淫惑之国，不亡必残。自今以来，无以美妾疑妻！无以声乐妨政！无以奸情害公！无以货利示下！其有之者，是谓伐其根素，流于华叶⑦。若此

---

① 练帛之衣，以练帛之粗者所为衣。
② 大，一作"太"；大白，纯素之质。
③ 羖，gǔ；羖羊，黑色公羊。
④ 一本下有"君宜服之"四字，又有"君宜改也"四字。
⑤ 备，防。
⑥ 周有天下，八百余年而后亡。
⑦ 素，一说乃"荄"（gāi）之讹；伐其根素，流于华叶，谓坏其本根，修其枝节。

者，有患无忧，有寇勿弭①。不如言者，盟示之！"于是君子闻之曰："文公其知道乎！其不王者，犹②无佐也。"

鲁有俭者，瓦鬲③煮食，食之而美，盛之土铏之器④，以进孔子。孔子受之，欢然而悦，如受太牢⑤之馈。弟子曰："瓦甂⑥，陋器也。煮食，薄膳也。而先生何喜如此乎？"孔子曰："吾闻好谏者思其君，食美者念其亲。吾非以馔为厚也，以其食美而思我亲也。"

公明宣学于曾子，三年，不读书。曾子曰："宣！而居参之门，三年不学，何也？"公明宣曰："安敢不学？宣见夫子居宫庭，亲在，叱咤之声，未尝至于犬马，宣说之，学而未能；宣见夫子之应

---

① 有患无忧，有寇勿弭，谓有患不知忧，有寇勿能弭。校订者按：弭，mǐ，平息，消灭。
② 犹，通"由"。
③ 瓦鬲，瓦釜。
④ 铏，xíng，羹器，二耳，三足，有盖。或作"型"，土型之器，即下之"瓦甂"。
⑤ 牛羊豕皆具为太牢。
⑥ 甂，biān，小盆，大口而卑下。

宾客，恭俭而不懈惰，宣说之，学而未能；宣见夫子之居朝廷，严临下而不毁伤，宣说之，学而未能。宣说此三者，学而未能，宣安敢不学而居夫子之门乎？"曾子避席谢之曰："参不及，宣其学而已！"

鲁人身善织屦，妻善织缟①，而徙于越。或谓之曰："子必穷！"鲁人曰："何也？"曰："屦为履，缟为冠也。而越人徒跣剪发。游不用之国，欲无穷，可得乎？"

---

① 缟，gǎo，生绢之色白而细者。

图书在版编目（CIP）数据

新序说苑 / 庄适选注；高红娜校订. —北京：商务印书馆，2020
（学生国学丛书新编 / 王宁主编）
ISBN 978-7-100-18121-1

Ⅰ.①新… Ⅱ.①庄… ②高… Ⅲ.①笔记—作品集—中国—西汉时代②中国历史—古代史—史料③《新序》—注释④《说苑》—注释 Ⅳ.① I242.1 ② K220.66

中国版本图书馆CIP数据核字（2020）第032808号

**权利保留，侵权必究。**

学生国学丛书新编
**新序说苑**
庄　适　选注
高红娜　校订

商务印书馆出版
（北京王府井大街36号　邮政编码100710）
商务印书馆发行
北京市十月印刷有限公司印刷
ISBN 978 - 7 - 100 - 18121 - 1

| 2020年9月第1版 | 开本 787×1092　1/32 |
| --- | --- |
| 2020年9月北京第1次印刷 | 印张 5¼ |

定价：29.00元